AF524191

Ira Schneider

Sauerländische KÜCHENKLASSIKER

Kröse, Krüstchen und *Knochenwurst*

Heimat *genießen*

Wartberg Verlag

Bildnachweis:
Alle Fotos von Ira Schneider mit Ausnahme des Autorenfotos auf der Umschlagrückseite von Klaus Görgen.

1. Auflage 2017

Gestaltung und Satz: www.ravenstein2.de
Druck: Druck- und Verlagshaus Thiele & Schwarz GmbH, Kassel
Buchbinderische Verarbeitung: Buchbinderei S. R. Büge, Celle

34281 Gudensberg-Gleichen · Im Wiesental 1
Telefon: 056 03/9 30 50 · www.wartberg-verlag.de

ISBN 978-3-8313-2480-4

Ira Schneider

Sauerländische KÜCHENKLASSIKER

Kröse, Krüstchen und *Knochenwurst*

Wer im Sauerland zu Gast ist, kommt an Spezialitäten wie „Potthucke", „Heggengemös" oder „Sauerländer Krüstchen" nicht vorbei. In den Küchen der Gastronomie serviert man die Traditionsspeisen mit Stolz und tischt sie den zahlreichen Wintersport- und Wandertouristen in „leicht entstaubten" Variationen auf. Auch in Familien mit Hang zu regionalen Gerichten werden die Klassiker gerne gekocht.

Genusswandern in der Talsperren- und Mittelgebirgslandschaft

Die abwechslungsreiche Kulturlandschaft des Sauerlands, die geprägt ist von zahlreichen Stauseen, Gewässern, Bergen und alten Fachwerkhäusern, lädt förmlich zum Genusswandern ein. Über die Vereinigung Sauerland-Tourismus e.V. (www.sauerland.com) oder die Portale www.suedwestfalen.com und www.hofladen-sauerland.de erfahren Genießer, wo man ausgesuchte Spezialitäten der Region noch essen oder kaufen kann. Über den Ruhrverband (http://angeln-im-sauerland.de) können Interessierte sich über Angelangebote, Besatz und Nachzucht von Äsche, Seesaibling, Blaufelchen, Maräne, Hecht, Seeforelle und Quappe in acht Sauerlandseen informieren.

Slow Food – Essen, was man retten will

Auch auf der Internetseite des Slow Food Conviviums Sauerland (www.slowfood.de, Rubrik „Vor Ort/Sauerland") finden sich zahlreiche Anregungen fürs Wandern, Genießen und Einkaufen in der Region. Dank vieler Bemühungen konnte die Slow Food-Gruppe das Rote Höhenvieh, eine traditionelle Rinderrasse der deutschen Mittelgebirge, in die „Slow Food Arche des Geschmacks" aufnehmen lassen und in der Öffentlichkeit wieder bekannter machen. Nur durch aktive Nutzung und Nachfrage können solch alte Rassen erhalten bleiben.

Dankeschön

Ein Kochbuch wie dieses, das Traditionsgerichte, authentische Rezepte und typische Zutaten aus dem Sauerland vorstellt, ist kein einfaches Vorhaben. Ohne Unterstützung wäre dies nicht möglich. Ich bedanke mich herzlich bei meiner Slow Food-Kollegin Ingrid Schlicht-Olbrich, die zusammen mit dem Slow Food-Convivium Sauerland seit einigen Jahren typische Rezepte aus der Region zusammenträgt und zahlreiche Kontakte zu Gastronomen und Erzeugern in der Region pflegt.

„Herzlichen Dank" sagen möchte ich auch meiner Mutter Magreth Schneider und Wilfried Odenthal aus Erftstadt-Erp („Speisekartoffeln Odenthal") für die Unterstützung in meiner Foto-Küche (www.die-fotokueche.de).

Ira Schneider

INHALTSVERZEICHNIS

VORWORT

Liebe Leserinnen und Leser!

In diesem Kochbuch finden Sie ein Portrait der Sauerländischen Küche, wie sie in Privathaushalten von Lippstadt im Norden bis nach Wenden im Süden heute auf den Tisch kommt. Der Rezeptband hat weder den Anspruch, ein historisches Kochbuch zu sein, noch avantgardistische Strömungen aufzugreifen. Viele Rezeptklassiker wie Potthucke (ein im Ofen gebackener Kartoffelkuchen), aber auch moderne Speisen wie das Sauerländer Krüstchen (ein paniertes Schweineschnitzel auf Brot) oder Bärlauchpesto finden sich im Repertoire der Familien.

Kröse, Krüstchen, Knochenwurst – Küchenklassiker aus dem Sauerland

Der Rezeptekanon für dieses Kochbuch ist nach Recherchen in alten und modernen Kochbüchern aus den letzten 100 Jahren, vor allem aber durch Gespräche mit Bewohnern des Sauerlands entstanden. Im Austausch mit dem Slow Food-Convivium Sauerland unter Leitung von Ingrid Schlicht-Olbrich aus Schmallenberg konnte ich diese Rezeptsammlung erstellen. Der Band legt dabei einen Schwerpunkt auf traditionelle Rezepturen, die bis heute zum lebendigen Küchenschatz gehören. Er zeigt darüber hinaus ebenso, wie Genuss-Menschen in der Region mit frischen heimischen Zutaten kochen.

Alle Klassiker treffen durch kleine Variationen noch immer den Zeitgeist und Geschmack einer aromatischen, unverfälschten Landküche mit einfachen Zutaten. In meiner Fotoküche habe ich die zusammengestellten Rezepte ausprobiert und in Szene gesetzt.

Welche Spezialitäten von „Bergmannsspargel bis Sültemaus" man kennen muss, verrät Ihnen das „Who is who" der Küchenklassiker. Welche typischen Produkte die Region bereithält, erfahren Sie in den Einführungen der einzelnen Kapitel. Ausflüge in den Bauerngarten, die sauerländische Esskultur und das kulinarische Brauchtum sowie praktische Tipps runden den Band ab.

Sie haben nun Appetit bekommen?
Viel Freude beim Nachkochen, Schmökern und Genießen wünscht

Ira Schneider

TYPISCH SAUERLAND!
DAS MUSS MAN KENNEN(LERNEN)

Das Who is Who der Sauerländischen Küche von A–Z

Ärpelkauken, Puffert oder Pillekuchen – Kartoffelpfannkuchen, anders als beim Reibekuchen sind die „Piller“ (Streifen) gröber geschnitten.

Bergmannsspargel – Schwarzwurzeln nannte man in früheren Zeiten so, denn im Sauerland bewirtschafteten viele Bergleute zur Selbstversorgung ein Stück Garten. Der einzige „Spargel“, den sie sich leisten konnten, war die Schwarzwurzel.

Eierkäse – ein dem Rührei ähnlicher Brotaufstrich, die Eier-Milch-Masse trocknet nach dem Stocken in der Pfanne über Nacht auf einem Sieb ab. Sie wird gerne mit Zimtzucker bestreut als Brotbelag genutzt.

Gaiseke, Geyseke oder Gieseke – eine besondere Kartoffelpfannkuchen-Spezialität aus einem Weizenmehlteig mit Milch und geriebenen Kartoffeln.

Heggengemös – eine Wildkräutersuppe, die man traditionell zum Gründonnerstag von den ersten Wildkräutern kochte.

Kabb(pp)es – Weißkohl, ein typisches Wintergemüse aus dem Bauerngarten.

Knochenwurst – die Wurstspezialität aus dem Hochsauerland besteht aus Schweinemett, Fleischstücken und in Stücke gehackten Schweinerippchen, an denen noch etwas Fleisch haftet. Die mit Pökelsalz, Senfkörnern und Pfeffer gewürzte Masse füllt der Metzger in einen Schweinemagen oder -darm. Die geräucherte Wurst kocht man zwei Stunden und reicht sie in Scheiben geschnitten mit Sauerkraut, Kartoffeln und gerösteten Zwiebeln. Die Knochen, die der Wurst ihren besonderen Geschmack geben, nagt man beim Essen ab.

Krebbelchen, auch Reibeplätzchen, Riebekauken – Reibekuchen aus der Pfanne.

Kröse – ein traditionelles Schlachtgericht aus Hafergrütze, Schweinebrühe, Salz, Gewürzen und Schweineblut; es ist dem westfälischen Schwarzsauer ähnlich.

Krümelgrete – eine erfrischende Suppe aus Buttermilch, als Einlage dienen altbackenes Brot und Rosinen.

Möpkenbrot – eine Kochwurst aus Schlachtabfällen und Mehlgrütze, ähnlich der Blutwurst und dem Panhas; sie wird gerne zu Stampfkartoffeln, Apfelmus und gebratenen Zwiebeln gereicht.

Pfefferpotthast – ein Schmorgericht aus Rindfleisch und Zwiebeln, das mit Lorbeer, Nelken, Kapern, Zitronensaft und Pfeffer leicht süß-sauer abgeschmeckt wird. Sein Name leitet sich von „Pott“ für Topf und „Hast“ für ein Stück Rindfleisch ab.

Potthucke – ein typisches Sauerländer Kartoffelgericht, das wörtlich übersetzt „das, was im Topf hockt“ bedeutet. Der Teig aus geriebenen Kartoffeln, Eiern, Zwiebeln, Schinkenspeck, Mettwurst und Schmand wird in einer Kastenform im Ofen ausgebacken. In früheren Zeiten war die Potthucke ein Arme-Leute-Essen. Heute findet man sie auch als Spezialität in gehobenen Restaurants.

Pumpernickel – ein Roggenvollkornbrot, das durch seine lange Garzeit von mindestens 16 Stunden bei 100 Grad Celsius eine süßliche Note entwickelt hat. Es wird gerne mit Sauerländer Knochenschinken gereicht, aber auch für Süßspeisen verwendet.

Rinderpümmel – eine Fleischspezialität aus gekochter Rinderwurst und Brötchen oder Haferflocken, man reicht sie zu Bratkartoffeln, Salat und Essiggurke.

Rötsch – ein Buchweizenpfannkuchen, der traditionell mit kaltem Kaffee angerührt wird. Man kann Speckstreifen oder Rosinen zum Teig dazugeben. Da der Pfannkuchen trocken bis knusprig ist und schlecht „rötscht" (rutscht) – servierte man ihn früher mit einer Tasse Kaffee und heute gerne mit Sauerrahm-Dip.

Sauerländer Kir – ein gutes Begrüßungsschlückchen, das man mit selbst gemachtem schwarzem Johannisbeerlikör und Sekt zubereitet.

Sauerländer Krüstchen – ein paniertes Schweineschnitzel auf Brot, gekrönt von einem Spiegelei. Dazu reicht man Bratkartoffeln und einen Salat.

Sauerländer Rosenkranz – eine Bratwurstschnecke, die gerne mit Wirsing und Schinkenkartoffeln gegessen wird.

Schlodderkabb(pp)es – ein Eintopf aus Weißkohl, Kartoffeln und Kümmel. Da der Weißkohl beim Kochen im Topf „schloddert", also im Topf hüpft oder zittert, gab man ihm diesen Namen. Zuweilen wird auch der Weißkohlsalat Schluderkabb(pp)es genannt.

Schnibb(pp)elbohnen – angeschrägt geschnittene („geschnibbelte") grüne Gartenbohnen, die sauer eingelegt und mit Kartoffeln und Speck oder Rippchen im Winter zu einem Eintopf gekocht werden.

Spanisch Frikko – ein Eintopf aus gewürfeltem Rinder-, Kalb- oder Schweinefleisch mit Zwiebeln und Kartoffeln. Das Gericht wird mit Pfeffer, Rotwein und Sahne verfeinert.

Stielmus, auch Rübstiel – die Blätter verschiedener Mai- und Herbstrüben genießt der Sauerländer als Rübenblattgemüse mit Speck, Blutwurst und Kartoffeln.

Sültemaus – Sauerkraut, durch Milchsäuregärung haltbar gemachter Weißkohl.

Ziepeln – Zwiebeln, ein beliebter Aromengeber aus dem Bauerngarten.

AUS DEM BAUERNGARTEN
AUFSTRICHE, SALATE UND EINGELEGTES

Selbstgemachtes aus der Gartenküche

Nützlich und nahrhaft zugleich – so könnte man den traditionellen Bauerngarten beschreiben. Der Selbstversorgergarten war nicht nur bei Landwirten, sondern auch bei Arbeitern und vielen anderen Berufsgruppen hochgeschätzt. Denn in früheren Zeiten konnte man nicht immer alles kaufen und lebte quasi von dem, was der eigene Garten hervorbrachte. In der Nähe zu Haus und Hof pflanzten viele sauerländische Familien also das, was sie für den täglichen Bedarf benötigten. Kartoffeln, verschiedene Bohnen- und Kohlsorten, Wurzel- und Rübenblattgemüse und auch Obststräucher zählen zum Grundstock des klassischen Bauerngartens. Heilkräuter und Blumen – die früher als Hausapotheke dienten – wuchsen an den Beeträndern. Nachhaltigkeitsaspekte und der Wunsch nach unverfälschten, saisonalen und regionalen Lebensmitteln haben dem Bauerngarten in den letzten Jahren zu neuer Blüte verholfen.

Im Kreislauf der Natur

Einfache geometrische Anlagen, die mit meist vier Beeten einem Wegekreuz gleichen und mit schützendem Buchsbaum umsäumt sind, findet man in alten und auch neuen Gartenanlagen. Die Aufteilung schafft Ordnung im scheinbaren Durcheinander und hilft dabei, die Fruchtfolge einzuhalten. Traditionelle, an Klima und Boden angepasste lokale Sorten sind robust und dominieren das Bild des Nutzgartens. Denn allzu viel Arbeit durfte der Garten auch in früheren Zeiten nicht bereiten, wenn die Bauern- und Arbeiterfamilien ihn neben ihrem Hauptgewerbe instand halten wollten.

Einmachkultur

Im Sommer verzehrte der „Suerländer“ vieles, was der Garten hervorbrachte, frisch – vor allem Salat und Beerenobst. Für den Winter legte er Steinobst, Gurken, Sauerkraut, Bohnen und Möhren ins Glas oder in große Steintöpfe ein. Mit Zucker und Essig, aber auch durch Salz und Milchsäuregärung ließen sich die Gartenschätze haltbar machen. Über die Tradition des Bauerngartens und altes Handwerk können sich Interessierte im LWL-Freilichtmuseum in Hagen informieren, im Erlebnismuseum „Westfälische Salzwelten“ in Bad Sassendorf über die Salzkultur der Region.

EINGELEGTE GURKEN

für etwa 10 Gläser

Zutaten

2,5 kg Einlegegurken (mittlere bis kleine Größe)
Salzwasser (100 g Salz mit Wasser aufgießen)
80 g weiße Pfefferkörner
2 Bund Dill und Dillblüten
4 Lorbeerblätter
100 g kleine Zwiebeln
800 ml Weinessig (5 Prozent Säure)
2 EL Salz
400 g Zucker

Zubereitung

Die Gurken waschen, abbürsten und über Nacht vollständig bedeckt in Salzwasser liegen lassen, danach abspülen und abtrocknen. Die Zwiebeln schälen und mit den Gurken in einen Steintopf oder Schraubgläser geben. Weinessig mit einem Liter Wasser, den Gewürzen sowie Salz und Zucker aufkochen. Den heißen Sud über die Gurken gießen, sodass diese vollständig bedeckt sind und sofort verschließen. Den Topf oder die Gläser kühl und dunkel lagern. Sie sind sechs bis 12 Monate haltbar. Vor dem Verzehr sollten die Gurken gute vier Wochen durchziehen.

TIPP

Das Rezept eignet sich auch zum Einlegen von Gurkenscheiben: Größere Landgurken nach Belieben schälen und in Scheiben schneiden. Diese mit Salz bestreuen und 20 Minuten in Wasser ziehen lassen. Das Wasser abgießen und weiter verfahren wie oben beschrieben.

ZWIEBELSCHMALZ

für ein Glas à 250 ml

Zutaten

200 g Griebenschmalz oder
125 g Gänseflomen, 65 g Schweineschmalz und 50 g durchwachsene Speckwürfel
½ fein gewürfelte Zwiebel
Salz

Zubereitung

2 EL Schmalz in einem Topf erhitzen. Die Zwiebel- und Speckwürfel darin dünsten. Den Rest Schmalz zugeben. Alles bei schwacher Hitze ein paar Minuten ziehen lassen. Mit Salz abschmecken. Die Masse abkühlen lassen und in ein Schraubglas oder eine Servierschale füllen. Dazu passt ein kerniges Vollkornbrot.

Gut zu wissen!

Zwiebeln sind in der Bauernapotheke als vielseitiges Heilmittel bekannt. Zwiebelsirup wird gerne bei Husten verabreicht oder eine Zwiebelpackung bei Ohrenschmerzen.

TIPP

Mit dem Schmalz lassen sich im Winter auch Rotkohl- und Bratengerichte verfeinern. Gekühlt hält sich das Schmalz über mehrere Wochen im Kühlschrank.

KRÄUTERBUTTER

für 1 Glas à 250 ml

Zutaten

250 g Sauerrahmbutter
1 Bund klein gehackte Gartenkräuter (Dill, Schnitt- oder Zwiebellauch, Borretsch) oder Wildkräuter (Löwenzahn, Ackersenf, Sauerklee, Giersch, Wegerich)
½ TL Salz
nach Geschmack eine zerdrückte Knoblauchzehe

Gut zu wissen!

Die meisten Wildkräuter enthalten Bitterstoffe, die gut für Magen und Darm sind. „Wildkräuter-Anfänger" sollten sich zunächst mit einer kleinen Menge an die Bitternote heranwagen. Für das Butter-Rezept reicht dann schon ein winziges Sträußchen.

Zubereitung

Die Zutaten jeweils mit der weichen Butter vermengen und mit Kräutern oder Blütenblättern garnieren.

TIPP

Auch Steinpilze schmecken als Buttervariation. Einfach eine Handvoll gewürfelte frische Steinpilze anbraten und unter die Butter geben oder klein geschnittene getrocknete Pilze in der Butter etwas ziehen lassen. Salzen und mit einem Schuss Zitrone abschmecken. Fertig!

KAPPESSALAT
(WEISSKOHLSALAT)

für 4 Personen

Zutaten

½ Weißkohl oder Rotkohl
nach Belieben Schinkenspeckwürfel
1 Zwiebel oder Lauchzwiebeln
1 EL Öl

Für die Marinade
6 EL Öl
2 EL Weißweinessig
etwas Honig
Salz, Pfeffer

Zubereitung

Den Weißkohl putzen, vierteln und den Strunk sowie harte Rippen entfernen. Den Kohl mit einem großen Gemüsemesser in etwa 5 mm breite Streifen schneiden oder auf einer Reibe raspeln. Zwiebeln schälen und fein würfeln. In einer Pfanne etwas Öl mit Zwiebeln und Speck auslassen und glasig dünsten. Kohlstreifen zugeben und kurz mitdünsten. Vom Herd nehmen und noch warm mit Essig, Öl, Salz, Pfeffer und Honig abschmecken.

Gut zu wissen!

Weißkohl gehört im Winter zu den Vitamin-C-Lieferanten Nummer eins. Im Sauerland hat er eine lange Tradition. So hobelte man den Kohl früher auf einem Kabbesbrett und schichtete ihn mit Salz in große Steintöpfe. Ein Rezept für selbst gemachtes Sauerkraut finden Sie im Kartoffel- und Gemüse-Kapitel auf Seite 70.

TIPP

Der Kappessalat wird auch Schlodder- oder Schluderkabbes genannt. Er schmeckt kalt als Salat und warm als Gemüse. Besonders aromatisch wird er als Rotkohlsalat mit Himbeer-, Brombeer- oder Rotweinessig.

BÄRLAUCHPESTO

für 2–3 Schraubgläser

Zutaten

ein großer Bund frischer Bärlauch
125 g Walnuss- oder Sonnenblumenkerne
125 g geriebener Hartkäse
1 Knoblauchzehe
250 ml Öl
Pfeffer, Salz, Zucker

Gut zu wissen!

Bärlauch ist das wohl bekannteste Kraut der Frühjahrsküche. Sein Name „allium ursinum" (Lauch des Bären) entstammt einer Legende. Meister Petz soll sich – frisch aus dem Winterschlaf erwacht – mit diesem Kraut als Erstes gestärkt haben.

TIPP

Das Pesto schmeckt nicht nur als Brotaufstrich. Man kann damit auch Suppen verfeinern oder es zu Eiergerichten oder kalten Gemüse- und Fleischplatten reichen.

Zubereitung

Die Walnusskerne mit heißem Wasser überbrühen und nach rund 10 Minuten die Schalen mit den Fingern abstreifen. Die trocken getupften Walnusskerne in einer Pfanne goldgelb rösten. In einem Mörser zerstoßen. Den Hartkäse reiben, Bärlauch und Knoblauchzehe fein hacken. Die Zutaten ohne den Käse in einen hohen Becher geben, Öl zugeben und nach Belieben noch einmal pürieren. Käse zum Schluss unterheben, mit den Gewürzen abschmecken und in Gläser füllen. Das Pesto hält im Kühlschrank 2–3 Wochen frisch.

FELDSALAT MIT SCHINKENSPECK

für 4 Personen

Zutaten

250 g Feldsalat
150 g Schinkenspeckwürfel

Für die Marinade
3 EL milder Weinessig
9 EL Rapsöl
etwas Honig
Salz, Pfeffer
eine fein geschnittene Zwiebel

Zubereitung

Salat verlesen, waschen und trocken tupfen. Die Zutaten für die Marinade verrühren und durchziehen lassen.
Die Schinkenspeckwürfel kurz vor dem Servieren in einer Pfanne knusprig braten. Alles zusammen portionsweise auf Tellern anrichten.

Gut zu wissen!

Anders als bei anderen Salaten zieht man den winterharten Salat nicht im Frühbeet vor, sondern gibt die Saatkörner im Spätsommer direkt in die Erde.

TIPP

Auch mit Saure-Sahne- oder Kartoffel-Dressing (siehe Endieviensalat-Rezept Seite 20) ist Feldsalat, der zu den Baldriangewächsen zählt, beliebt.

APFELREMOULADE

für 2–3 Schraubgläser

Zutaten

250 g Bauernfrischkäse
1 säuerlicher Apfel
2 Schalotten
Saft und Abrieb von einer Bio-Zitrone oder -Orange
etwas Honig
etwas Öl
fein gehackter Schnittlauch und Petersilie
Pfeffer, Curry, Salz

Gut zu wissen!

Im Sauerland gibt es noch etliche Hofkäsereien, die auch Frischkäse herstellen. Der Hofkäse ist um einiges aromatischer als herkömmliche Angebote.

Zubereitung

Den Apfel und die Schalotten fein würfeln. Alle Zutaten unter den Frischkäse rühren und mit Honig und den Gewürzen abschmecken. Mit Schnittlauch und Petersilie dekorieren.

TIPP

Die Apfelremoulade schmeckt zu Bratengerichten, Sülze und Bratkartoffeln und passt auch zu kleinen Pfannkuchen.

STECKRÜBENPUFFER
MIT QUARK-DIP

für 8 Stück

Zutaten

1/4 Steckrübe
1 dicke Möhre
1 Schalotte
2–3 Eier
1 EL Schmand
Rapsöl
Pfeffer, Salz

Zubereitung

Steckrübe und Möhre schälen und in Stifte hobeln. Die Schalotte häuten und klein hacken. Die Eier mit dem Schmand und den Gewürzen vermischen und die Gemüse-Stifte unterheben. Den Teig portionsweise in der Pfanne in ausreichend Öl von beiden Seiten goldbraun backen. Dazu passt ein Salat und ein Kräuterquark.

Gut zu wissen!

Die Steckrübe ist eine Kreuzung aus Rübsen und Gemüsekohl. Das leicht bittere, nussig schmeckende Wurzelgemüse zählt in der Küche heute zu den wiederentdeckten alten Sorten.

TIPP

Von dem Rest der Steckrübenknolle lässt sich mit Kartoffeln und Mettwurst ein leckerer Eintopf oder das Steckrübengemüse bereiten (siehe Seite 74). Auch mit Kürbis schmecken die Küchlein!

ENDIVIENSALAT
MIT WESTFÄLISCHEM SCHINKEN

für 4–6 Personen

Zutaten

1 Endivie
2 kleine Pellkartoffeln (noch warm)
4 EL Sonnenblumenöl
2 EL Kräuteressig
2 EL Wasser
1 fein geschnittene Zwiebel
Pfeffer, Salz, Zucker
nach Belieben Scheiben vom Westfälischen Schinken, getrocknete Pflaumen oder Datteln
Holzspießchen oder Zahnstocher zum Fixieren

Gut zu wissen!

Der Westfälische Schinken hat seinen Ursprung im Sauerland, denn bis zum Aufleben des Hüttenwesens ab Mitte des 18. Jahrhunderts verfügte die Region über Eichelwälder, in die man die Hausschweine zum Mästen trieb. In der Wiesenkirche zu Soest kann man noch heute ein Fenster aus der Zeit um 1500 bewundern, welches das Westfälische Abendmahl mit regionalen Spezialitäten wie einem Schweinekopf, einem Schinken, Bier und Schnaps zeigt.

Zubereitung

Die Endivie der Länge nach durchschneiden, äußere Blätter entfernen und in feine Streifen (ca. 5 mm breit) schneiden. Die Endivie waschen und abtropfen lassen.
Aus Öl, Essig, Wasser, Pfeffer, Salz, Zucker und der fein geschnittenen Zwiebel eine Vinaigrette rühren. Mit der Gabel die Pellkartoffeln zerdrücken. Ebenfalls in die Sauce rühren, diese über den Salat geben und durchmengen.
Die Scheiben vom Westfälischen Schinken in der Pfanne ohne Fett anbraten und als Chips auf den Salat legen. Alternativ den Schinken um getrocknete Pflaumen oder Datteln rollen und auf Holzspießchen stecken. Auch eingelegter Kürbis und Sonnenblumenkerne peppen den Endiviensalat auf.

PFLAUMENMUS

für zirka 8 Gläser à 220 ml

Zutaten

3,5 kg Pflaumen
500 g Zucker
2 aufgeschlitzte Vanillestangen,
1 Zimtstange, 5 Nelken
Zitronensaft oder Weißweinessig

Gut zu wissen!

Pflaumenmus war früher ein beliebter Brotaufstrich. Auch zu Pfannkuchen reicht man es bis heute gerne. Ganz vorzüglich kann es auch Salat- und Fleisch-Saucen (siehe Rezept Potthast, Seite 61) abrunden und verleiht diesen eine würzige Süße.

Zubereitung

Pflaumen waschen und entsteinen. Die Früchte in einen großen Topf oder Bräter geben und mit dem Zucker und den Gewürzen gut vermengen. Die Masse einige Stunden oder über Nacht etwas Saft ziehen lassen. Im Backofen oder auf dem Herd das Mus bei mittlerer Hitze über 2–3 Stunden langsam einköcheln lassen und dabei gelegentlich umrühren. Je nach Süße der Früchte kann etwas Zitronensaft oder Essig zugegeben werden. Vor dem Abfüllen in die Gläser das Pflaumenmus noch einmal bei voller Hitze kochen und anziehen lassen. Dann sofort in die sterilen Schraubgläser füllen und die Deckel fest verschließen.

TIPP

Das Pflaumenmus kann auch mit Rum oder Amaretto abgeschmeckt werden.

KARTOFFEL-GURKEN-SALAT
MIT SELBST GEMACHTER MAYONNAISE

für 4–6 Personen

Zutaten

1 kg festkochende Kartoffeln
1 Zwiebel
1 Salatgurke
6 EL Rapsöl
4 EL Weinessig
250 ml selbst gemachte Mayonnaise oder
125 g Mayonnaise und
125 g Schmand
Salz, Pfeffer und Zucker nach Geschmack
1 Bund Schnittlauch, Petersilie und Dill
Radieschen oder hart gekochte Eier

Zubereitung

Die Kartoffeln als Pellkartoffeln garen, etwas abkühlen lassen und pellen. Dann die Kartoffeln in feine Scheiben schneiden. Die Gurke schälen, fein hobeln und salzen. Die Zwiebel und die Kräuter fein hacken. Aus den angegebenen Zutaten ein Dressing rühren. Dressing über die Kartoffelscheiben geben und vermengen. Die Gurkenscheiben etwas ausdrücken und ebenfalls untermengen. Den Salat gut durchziehen lassen. Vor dem Servieren nochmals abschmecken und mit Radieschen oder hart gekochten Eiern dekorieren.

Gut zu wissen!

Neben Heringssalat war der Kartoffelsalat früher an Festtagen ein beliebter Abendschmaus. Auch Varianten mit gebratenen Speckwürfeln und Gürkchen oder mit Eierscheiben sind bekannt.

TIPP

Für die selbst gemachte Mayonnaise brauchen Sie 2 Eigelbe (extra frische Qualität), 2 EL Senf, 250 ml Sonnenblumen- oder Rapsöl, 1–2 EL Essig oder Zitronensaft, Salz, Pfeffer und Zucker. Die Eigelbe in einer Schüssel schaumig aufschlagen. Einen Esslöffel Senf zugeben und langsam das Öl und den zweiten Esslöffel Senf einfließen lassen und unterrühren. Die Mayonnaise mit Essig und Gewürzen abschmecken.

SCHWARZWURZELSALAT
(BERGMANNSSPARGEL)

für 4 Personen

Zutaten

500 g frische oder eingemachte Schwarzwurzeln
Saft von einer Zitrone
2 EL Apfelessig
2 EL Sonnenblumenöl
100 g Joghurt oder Dickmilch
1 TL Senf
Hart gekochte Eier nach Belieben
Salz, Pfeffer, Zucker
Petersilie

Zubereitung

Die frischen Schwarzwurzeln waschen und abbürsten. Die Stangen dünn schälen und die Enden abschneiden, in 4 cm lange Stücke schneiden. Die Schwarzwurzelabschnitte in etwas Wasser legen und den Zitronensaft zugeben. In einem Topf Wasser zum Kochen bringen und etwas Salz zugeben. Die Abschnitte zugedeckt bei mittlerer Hitze darin rund 10 Minuten garen und dann abgießen. Die eingemachten Schwarzwurzeln auf einem Sieb nur abtropfen lassen.

Aus den übrigen Zutaten eine Marinade rühren und die Petersilie fein hacken. Die Schwarzwurzelabschnitte in der Marinade durchziehen lassen und nach Geschmack noch Scheiben von gekochten Eier zugeben. Mit Petersilie überstreuen und mit etwas Brot servieren.

Gut zu wissen!

Beim Schälen von Schwarzwurzeln empfiehlt es sich, Handschuhe zu tragen, da der aus den Wurzeln austretende Milchsaft klebt und die Haut dunkel färbt. Schwarzwurzeln sind eng mit dem Löwenzahn verwandt und heißen im Volksmund auch „Winterspargel". Von Oktober bis April haben die schwarzen Wurzeln Saison und passen wie richtiger Spargel auch gut zu Schinken, Eiern und zu einer holländischen Sauce.

AUS OFEN UND PFANNE
MEHL- UND EIERSPEISEN

Pfannkuchen und Eier-Brei

Die Sauerländische Küche hat neben deftigen Eintopfgerichten für den Alltag auch allerlei Eier- und Mehlspeisen zu bieten. Zahlreiche Gemeinsamkeiten mit der benachbarten rheinischen, bergischen als auch westfälischen Küche sind erkennbar.

Von Rötsch bis Struwen

In früheren Zeiten bereitete der Sauerländer gerne aus dem genügsamen Buchweizen einen Pfannkuchenteig, den er mit schwarzem Kaffee anrühren. Der „Rötsch" wurde mit Speck und Zwiebeln oder auch mit Rübenkraut verfeinert. Er war als Beilage zu Eintopfgerichten oder Zwischenmahlzeit zum Kaffee beliebt.
Aus Weizenmehl, Eiern, Milch und Speck machte die Hausfrau indes den Speckpfannkuchen, dessen süße Variante der Obstpfannkuchen ist. Je nach Saison kamen Äpfel, Beerenfrüchte, Kirschen oder Pflaumen in den Teig. Auch mit Hefe angereicherte Pfannkuchen wie Struwen (auch Hefeplätzchen genannt), die schwimmend im Fett ausgebacken werden und einem Krapfen ähnlich sind, kennt man im Sauerland. Fast wie ein Laib Rosinenbrot sieht der „Kastenpickert" aus. Er stammt ursprünglich aus Ostwestfalen-Lippe und wird mit geriebenen Kartoffeln und Weizenmehl bereitet. In Scheiben geschnitten, wird der Pickert in der Pfanne ausgebacken und zu Leberwurst, Rübenkraut oder Pflaumenmus gereicht.

Gaiseke, Reibeplätzchen und Waffeln

Eine besondere Spezialität des Sauerlands sind indes „Gaiseke" (Geyseke) oder „Gieseke". Die Pfannkuchen macht der Sauerländer aus einem Weizenmehlteig mit Milch und geriebenen Kartoffeln. Der Teig wurde früher direkt auf die Eisenplatte des Ofens dünn ausgestrichen und gebacken. Die Kuchen erinnern an den westfälischen Pfannenpickert und den bergischen Leineweber oder Pillekauken. Auch diese sind im Sauerland beliebt. Aus einem Eierteig mit rohen Kartoffeln bereitet die Hausfrau Reibekuchen und mit gekochten Kartoffeln die herzhaften Kartoffelwaffeln.

Einfache Eierspeisen mit Zutaten vom Hof

Als einfache Eierspeisen kennt der Sauerländer ferner das Bauernfrühstück, ein deftiges Omelette mit Schinken und Kartoffeln. Ein Eier-Milch-Brei, den man erhitzt und auf einem Sieb stocken lässt, ist der Eierkäse. Der günstige Brotaufstrich schmeckt mit Zimt und Zucker bestreut auch süß. Frühere Arme-Leute-Gerichte wie Arme Ritter oder Brotpfannkuchen, die aus altbackenem Brot und verquirltem Ei zubereitet werden, gehören ebenso zu den Klassikern.

DICKE OBSTPFANNKUCHEN

für 4 Stück

Zutaten

250 g Mehl
250 g Milch
2 große Eier
1 EL Zucker
eine Prise Salz
je nach Saison klein geschnittene Rhabarber- oder Apfelstücke, Beeren- oder Steinobst
Fett zum Ausbacken

Zubereitung

Mehl, Milch, Eier, Zucker und Salz zu einem geschmeidigen Teig verrühren. Den Teig etwas ruhen lassen. Eine Pfanne mit Fett erhitzen. Den Teig portionsweise zu Küchlein verarbeiten. Dabei das vorbereitete Obst auf die Küchlein geben und diese von beiden Seiten goldgelb backen.

Gut zu wissen!

Früher wurden Obst- oder auch Speckpfannkuchen mittags und abends anstatt Fleisch oder Brot zu einer Suppe gereicht. Besonders beliebt für die Küchlein sind bis heute Blaubeeren, die auch als „Sauerländer Kaviar" bezeichnet werden.

TIPP

Wer die Küchlein gerne fluffiger mag, trennt die Eier und hebt kurz vor dem Backen den Eischnee unter den Teig. Die Mehlmenge kann dann etwas reduziert werden.

BAUERNFRÜHSTÜCK

für 2 Personen

Zutaten

2 Pellkartoffeln vom Vortag
125 g Sauerländer Bauernschinken oder Schinkenspeck in Scheiben
1 Zwiebel
4 Eier
3 EL Milch
Salz, Pfeffer, Muskat
Fett für die Pfanne
frisch gehackte Kräuter

Zubereitung

Die Kartoffeln pellen und in dünne Scheiben schneiden. Die Schinkenspeckscheiben nach Gusto klein schneiden oder im Ganzen belassen. Die Zwiebeln schälen, fein würfeln und in etwas Fett glasig werden lassen. Die Kartoffelscheiben hinzugeben und anbraten. Die Eier mit Milch und den Gewürzen verquirlen und die Eiermasse ebenso in die Pfanne geben. Die Schinkenscheiben darauflegen und das Ei bei mittlerer bis kleiner Hitze stocken lassen. Mit Kräutern bestreut servieren.

Gut zu wissen!

Das Bauernfrühstück kann je nach Saison auch mit bunten Gemüsestückchen oder frischen Pilzen angereichert werden.

TIPP

Das Bauernfrühstück mit Brot und selbst gemachter Kräuterbutter (siehe Seite 14) servieren.

KARTOFFELWAFFELN

für 4 Personen

Zutaten

250 g gekochte Kartoffeln
2 Zwiebeln
125 g Mehl
250 ml Milch
2 TL Backpulver
2 Eier
75 g sehr weiche Butter
Salz und Muskat
Kräuterquark

Zubereitung

Die gekochten Kartoffeln durch eine Kartoffelpresse drücken oder fein reiben. Die Zwiebeln schälen und fein hacken. Aus Mehl, Milch, Eiern, Butter und Backpulver einen Teig bereiten. Die geriebenen Kartoffeln und die gehackten Zwiebeln unterheben. Mit Salz und Muskat abschmecken. Den Teig etwas ruhen lassen. Das Waffeleisen vorheizen und einfetten. Dann die Waffeln portionsweise ausbacken, bis sie goldbraun sind. Mit Kräuterquark servieren.

Gut zu wissen!

Auch süße Waffeln oder Eiserwaffeln sind im Sauerland sehr beliebt. Die knusprigen Hörnchenwaffeln werden in einem Spezialwaffeleisen ausgebacken und noch warm in Form gedreht. Besonders zu Neujahr bekommt man sie angeboten.

TIPP

Für zirka 50 Eiserwaffeln nimmt man 500 g Mehl, 250 g Zucker, 1 Päckchen Vanillezucker, 200 g weiche Butter, 750 ml Wasser, Abrieb von 1 Zitrone und etwas Zimt. Der dünnflüssige Teig wird mit einer Kelle auf die Platte des aufgeheizten und gefetteten Hörncheneisen gegeben und knusprig ausgebacken.

EIERKÄSE

für 4 Personen

Zutaten

10 Eier
1,5 Liter Vollmilch
je 1 Prise Salz und Zucker

Gut zu wissen!

Früher bereitete man den Eierkäse auch gerne mit fetter Biest- oder Ziegenmilch. Biestmilch nennt man die etwas gehaltvollere Milch einer Kuh, die gerade gekalbt hat.

Zubereitung

Alle Zutaten miteinander verrühren und in eine Metallschüssel geben. Die Masse im Wasserbad stocken lassen und auf ein feines Sieb geben. Wenn die Masse abgetropft ist, stellt man sie kühl. Den Eierkäse nach dem Erkalten in Scheiben schneiden und als Brotauflage zu Schwarzbrot reichen. Mit frischen Kräutern oder mit Zucker und Zimt bestreuen!

TIPP

Sollten Sie öfter Eierkäse machen, lohnt sich die Anschaffung einer hübschen Eierkäseform aus Keramik. Einschlägige Handwerksbetriebe verkaufen diese auch über das Internet.

GAISEKE
(SAUERLÄNDER KARTOFFELPFANNKUCHEN)

für 24 Stück

Zutaten

250 g Mehl
750 g Kartoffeln
450 ml Milch
2 TL Salz
Öl
Butter oder Rübensirup

Zubereitung

Kartoffeln schälen, reiben und etwas abtropfen lassen. Mehl und Milch verrühren. Die geriebenen Kartoffeln unterheben. Mit Salz abschmecken. Den Teig portionsweise in eine Pfanne mit heißem Öl geben und dünn ausstreichen. Sofort aus der Pfanne verzehren oder warm stellen.

Gut zu wissen!

Die fertigen Gaiseke bestreicht der Sauerländer mit Butter oder Rübenkraut. Man reichte dazu früher einen (Zichorien-)Kaffee. Auch am Freitag, wenn man kein Fleisch aß, kamen die Kartoffelpfannkuchen mittags auf den Tisch. In Südwestfalen kennt man das Gebäck auch als „Owenkauken". Einige Rezepte arbeiten auch teilweise mit gekochten Kartoffeln oder mit Ei. Zuweilen gab man früher auch etwas Hefe in den Teig.

Ein gängiges Rezept mit Ei ist Folgendes:
Man bereitet aus 1,5 kg Kartoffeln, 250 ml Milch, 125 g Mehl, 2 Eiern und 2 TL Salz die Teigmasse zum Ausbacken.

TIPP

Die Gaiseke werden auch besonders knusprig, wenn man sie in einer Crêpes-Pfanne ausbäckt.

ARME RITTER

für 4 Personen

TIPP

Wer es noch gehaltvoller mag, kann Brot-Pfannkuchen bereiten. Man taucht das Brot zunächst in gezuckerte Milch und rührt zusätzlich einen Eierkuchenteig (siehe Rezept Obstpfannkuchen Seite 26). Nachdem die Brotscheiben angebraten sind, gibt man den Eierkuchenteig portionsweise darüber und bäckt die Brot-Pfannkuchen bei mittlerer Hitze von beiden Seiten goldgelb aus.

Zutaten

4 dicke Scheiben altbackenes Kastenweißbrot oder Graubrot
400 ml Milch
4 Eier
Salz, Zucker, Zimt

Zubereitung

Die Eier mit der Milch verquirlen und in einen Suppenteller geben. Die Brotscheiben in der Mitte durchschneiden und nacheinander kurz in die Eiermasse eintauchen. Eine Pfanne mit ausreichend Fett erhitzen und die Brotscheiben von beiden Seiten goldgelb ausbacken. Mit Zimt und Zucker bestreuen und mit Rübenkraut, Kompott oder Vanillesauce (siehe Rezept Vanillesauce Seite 90) servieren.

RÖTSCH
(BUCHWEIZENPFANNKUCHEN MIT SPECK)

für 6 Stück

Zutaten

125 g Buchweizenmehl
250 ml kalter Kaffee oder Buttermilch
1 Ei
1 TL Salz
50 g Speck in Scheiben
Zwiebelringe
Fett für die Pfanne

Zubereitung

Buchweizenmehl mit Kaffee, Ei und Salz zu einem Teig verarbeiten. Den Teig eine gute halbe Stunde lang ruhen lassen. Speck und Zwiebeln in der Pfanne andünsten und portionsweise Teig zu kleinen Küchlein ausbacken.

Gut zu wissen!

Der Namen „Rötsch" oder auch „Drügen Rötsch" – also „trockener Rutsch" – für das Gericht lässt darauf schließen, dass die Speckpfanneküchlein sehr trocken und knusprig sind. Traditionell reichte man noch eine Tasse Kaffee dazu.

TIPP

Den „Rötsch" serviert man mit Rübenkraut und Pumpernickel oder mit grünem Salat, Graubrot und Butter. Statt Speck und Zwiebelringen können auch Äpfel und Rosinen für den Teig verwendet werden.

STRUWEN
(HEFEPLÄTZCHEN MIT WEINSUPPE)

für 12–14 Stück

Zutaten

500 g Weizenmehl
400 ml Milch
125 g Zucker
40 g Hefe
½ TL Salz
60 g Butter
1 Ei
125 g Rosinen oder Korinthen
2 geschälte und in kleine Stücke geschnittene Äpfel
Fett zum Ausbacken

Für die Dekoration
nach Belieben Zimt und Zucker

Für die Weinsuppe
250 ml Wasser
250 ml Wein
100 g Zwieback oder
30 g Speisestärke
60 g Zucker
Salz
1 Stange Zimt
Zitronensaft

Zubereitung

Aus einem Teil des Mehls mit etwas Zucker, lauwarmer Milch und dem Hefewürfel einen Hefevorteig ansetzen. Den Teig gut 20 Minuten ruhen lassen. Dann die anderen Zutaten bis auf das Obst zum Teig geben und alles gut durchkneten, bis sich der Teig vom Schüsselboden löst. Dabei mit etwas zusätzlichem Mehl aufarbeiten. Abermals rund 60 Minuten gehen lassen und dann das Obst einarbeiten. In einer heißen Pfanne den Teig portionsweise zu kleinen Kuchen ausbacken. Mit Zimt und Zucker bestreuen oder mit Weinsuppe reichen.
Für die Weinsuppe die Zwiebäcke mit der Stange Zimt und dem Salz in das kalte Wasser geben. Diese Mischung langsam zum Kochen bringen, die Masse anschließend durch ein Sieb passieren. Zucker, Wein und Zitronensaft zugeben und die Masse noch einmal kurz anziehen lassen.
Wer die Suppe ohne Zwieback bereiten möchte, lässt zunächst die Flüssigkeit mit Zucker und Gewürzen aufkochen und gibt dann die kalt angerührte Speisestärke zu.

Gut zu wissen!

Struwen mit Weinsuppe sind ein klassisches Karfreitagsgericht. Alternativ zur Weinsuppe passen auch eingemachte Früchte oder Apfelmus zu den Hefeplätzchen.

KASTENPICKERT

für eine Kastenform

Zutaten

1 kg geschälte, geriebene Kartoffeln
500 g Weizen- oder Buchweizenmehl
50 g Zucker
30 g Hefe
300 ml Milch
250 g Rosinen
2 Eier
1 TL Salz
Fett und Semmelbrösel für die Kastenform

Gut zu wissen!

Im benachbarten Ostwestfalen-Lippe nennt man den Kastenpickert auch „Dicken Pickert".

Zubereitung

Aus der Hefe, einem Teil der erwärmten Milch und einem Teil des Mehls einen Vorteig ansetzen. Diesen gehen lassen, bis er Bläschen wirft. In der Zwischenzeit die Kartoffeln schälen und reiben, etwas ausdrücken und zu dem Vorteig geben – mit den restlichen Zutaten zu einem Teig verarbeiten, gut durchkneten und eine gute Stunde gehen lassen. Den Teig in die vorbereitete Kastenform geben und bei rund 200° C (Ober-Unterhitze) bis zu 80 Minuten goldbraun backen lassen. Den Pickert in der Form etwas abkühlen lassen und nach einigen Stunden oder am nächsten Tag wie ein Brot in fingerdicke Scheiben schneiden. Die Scheiben kurz vor dem Servieren in etwas Butter in der Pfanne anbraten.

TIPP

Mit süßen und herzhaften Aufstrichen zum Nachmittagskaffee reichen.

LEINEWEBER

für einen großen Pfannkuchen

Zutaten

600 g gekochte Kartoffeln oder
Reste vom Vortag
Speckwürfel
2 Eier
2 EL Weizenmehl
Milch
Salz, Pfeffer, Muskat
nach Geschmack etwas
Lauchzwiebelringe oder gehackte
Kräuter

Gut zu wissen!

Den Kartoffelpfannkuchen – ähnlich einer spanischen Tortilla – bereiteten sich die Textilarbeiter, früher Leinenweber genannt, als einfache Mahlzeit zu.

Zubereitung

Die Kartoffeln in dünne Scheiben schneiden. Die Speckwürfel in der Pfanne auslassen und die Kartoffelscheiben darin braten. Die Eier mit Milch und Mehl verschlagen und würzen. Den Eierkuchenteig über die Kartoffel-Speck-Masse geben und ausbacken.

TIPP

Auch mit Käse nach Feta-Art und gedünsteten Spinat-Blättern aufgepeppt schmeckt der Rezeptklassiker.

REIBEKUCHEN MIT KNOCHENSCHINKEN

für 12–14 Küchlein

Zutaten

1 kg Kartoffeln
2 Eier
wahlweise 1 Zwiebel
2–3 EL feine Haferflocken
Salz, Pfeffer
Fett zum Ausbacken
Sauerrahm und Streifen vom Sauerländer Knochenschinken

Zubereitung

Die Kartoffeln schälen und auf einer Reibe fein raspeln. Die Kartoffelmasse auspressen oder auf einem Sieb abtropfen lassen, sodass die Flüssigkeit entweicht.
Die Zwiebel fein hacken. Zusammen mit den Kartoffeln und den restlichen Zutaten zu einem Teig rühren und portionsweise im heißen Fett zu kleinen Kuchen ausbacken. Auf einem Küchenkrepp abtropfen lassen. Sofort servieren oder im Backofen warm stellen.

Gut zu wissen!

Der „Riebekauken" ist auch als Krebbelchen oder Reibeplätzchen bekannt.

TIPP

Mit einem grünen Salat, etwas Sauerrahm und Streifen vom Knochenschinken servieren.

PILLEKAUKEN

für 12 Küchlein

TIPP

Zu Pillekuchen reicht man gerne Apfelmus und gebratene Blutwurst oder ein Fleischgericht.

Zutaten

600 g festkochende Kartoffeln
2 Zwiebel
2 Eier
nach Geschmack ein Schuss Milch
100 g Mehl
Salz, Pfeffer
nach Belieben Speckwürfel
Öl zum Ausbacken

Zubereitung

Die Kartoffeln schälen und auf einer Reibe raspeln. Die Kartoffelspäne auspressen oder auf einem Sieb abtropfen lassen, sodass die Flüssigkeit entweicht.
Die Zwiebeln in feine Stücke schneiden. Zusammen mit den Kartoffeln und den restlichen Zutaten zu einem Teig rühren. Den Teig portionsweise im heißen Fett zu kleinen Kuchen ausbacken. Auf einem Küchenkrepp abtropfen lassen. Sofort servieren oder im Backofen warm stellen.

AUS EINEM TOPF

HERZHAFTE SUPPEN UND EINTÖPFE

Warmes für die kalte Jahreszeit

Das Sauerland zählt heute zu den attraktivsten Mittelgebirgsregionen für den Wintersport. Im „Land der tausend Berge" herrscht das ganze Jahr über eine feuchte Kühle – sodass wärmende Suppen und Eintöpfe schon immer zum Herzstück der Sauerländischen Küche gehörten.

Was Garten und Hecke bieten

Je nach Jahreszeit erfreuten sich unterschiedliche Zutaten für das Warme aus einem Topf großer Beliebtheit. Im Frühjahr bereitete man aus den ersten Wildkräutern ein „Heggengemös". Das „Heckengemüse", auch Fasten- oder Frühlingssuppe genannt, war die erste Suppe, die man im Frühjahr aus frischen Zutaten kochen konnte. Man gab neben den jungen Trieben von Brennnesseln, Löwenzahn, Holunder, Spinat, Lauch auch die letzten Triebe vom überwinterten Grünkohl und Zwiebeln mit in die Kartoffel-Sahne-Brühe.

Blindhuhn – jeder findet etwas Leckeres im Topf

Ein deftiger ländlicher Eintopf ist das „Blindhuhn", welches seinen Namen dem Umstand verdankt – dass wohl auch ein blindes Huhn etwas Passendes für sich in der Suppe findet. Denn der Eintopf wirkt wie ein bunt zusammengewürfeltes Zufallsessen. Eine Brühe aus Speck, Karotten, grünen Bohnen und Kartoffeln wird zusätzlich mit weißen Bohnen, Äpfeln und Birnen angereichert. Im Sommer waren neben grünen Bohnen auch frische Erbsen als Suppeneinlage für Eintöpfe willkommen. Sowohl Blindhuhn als auch Spanisch Frikko, ein Gulasch-Eintopf mit Kartoffeln und Zwiebeln, sind im Westfälischen bekannte Gerichte.

Beliebte Wurzelgemüse

Wurzelgemüse wie Sellerie, Möhren und Steckrüben, die im Volksmund auch als „Kohlrüben" oder „gelbe Kohlrabi" bekannt sind, sind bis heute neben Hülsenfrüchten und Kohlgemüsen Basis vieler Wintereintöpfe. Besonders Weißkohl, allem voran in seiner vergorenen Form als Sauerkraut, mit deftiger Mettwurst lässt das kulinarische Herz des Ur-Sauerländers höherschlagen.

Untereinander-Gerichte

Als „Durcheinander" oder Untereinander-Gekochtes kamen in früheren Zeiten viele Gemüse mit einer Art Kartoffelstampf auf den Teller. Grünkohl und Stielmus zählen bis heute zu den Spezialitäten, die man auch in der Gastronomie noch gerne in ihrer klassischen Form reicht. Ein Stück Schweinerippe, Schnäuzchen und Öhrchen oder auch einfach eine gute Blut-, Mett- oder Rinderwurst gehören dazu.

KARTOFFELSUPPE

für 4 Personen

TIPP

Wer frische Bock-, Brat- oder Mettwurst in Scheiben mit in die Suppe gibt, hat eine deftige Mittagsmahlzeit.

Zutaten

100 g durchwachsener Speck
2 Zwiebeln
2 Möhren
1/4 Sellerieknolle
1 Stange Lauch
600 g Kartoffeln
1 Liter Wasser oder Brühe
Salz, Pfeffer
Sahne zum Abschmecken
frische gehackte Kräuter

Zubereitung

Das Gemüse putzen, schälen und in kleine Würfel schneiden. Den Speck ebenso fein würfeln. Die Zwiebeln und den Speck in etwas Fett anschwitzen und mit der Brühe aufgießen. Die übrigen Zutaten zugeben und weich kochen lassen. Die Suppe mit einem Stampfer oder dem Pürierstab sämig machen. Mit Salz, Pfeffer und Sahne abschmecken und mit Kräutern bestreut servieren.

BÄRLAUCHSUPPE

für 4 Personen

Zutaten

1 l Gemüse- oder Fleischbrühe
1 Zwiebel
400 g Kartoffeln
50 g Bärlauch (ein großer Bund)
125 ml Sahne
Salz, Pfeffer
Fett

Zubereitung

Die Zwiebel klein schneiden und in etwas Fett anrösten. Mit der Brühe ablöschen. Die Kartoffeln schälen, in Stückchen schneiden und zugeben. Wenn die Kartoffeln gar sind, den in Streifen geschnittenen Bärlauch zugeben und kurz mit ziehen lassen. Die Suppe pürieren und mit Sahne, Salz und Pfeffer abschmecken.

Gut zu wissen!

Ab April ist Sammelzeit für den wilden Bärlauch in Laub- und Buchenwäldern. Die Suppe lässt sich aber auch mit Sauerampfer, Lauch oder Kerbel bereiten.

TIPP

Auch eingefroren und wieder aufgetaut behält die Suppe ihr Aroma.

BLINDHUHN
(„GÄNSEFUTTER")

für 4 Personen

Zutaten

300 g getrocknete weiße Bohnen
250 g durchwachsener Schweinebauch
200 g grüne Bohnen
250 g Möhren
400 g Kartoffeln
nach Verfügbarkeit auch 2 Äpfel und 2 Kochbirnen
1 Liter Wasser
1 EL Butter
2 Zwiebeln
Salz, Pfeffer
eventuell etwas Essig
gehackte Petersilie

Zubereitung

Die weißen Bohnen über Nacht in einem Liter kaltem Wasser einweichen. Die Gemüse waschen, schälen und klein schneiden. Zwiebelwürfel mit einem Teil des klein geschnittenen Schweinebauchs in der Butter anrösten. Anschließend mit dem Wasser ablöschen und die Gemüsewürfel sukzessive zugeben. Alles kochen lassen, bis die Gemüse gar sind. Mit Salz, Pfeffer und etwas Essig abschmecken – falls die Äpfel nicht säuerlich genug sind.

Gut zu wissen!

Blindhuhn, auch „Gänsefutter" genannt, ist eine westfälische Spezialität, die je nach Saison und Verfügbarkeit der Zutaten etwas variieren kann. Sie erinnert an den norddeutschen Eintopf „Birnen, Bohnen und Speck". Man sagt, auch ein blindes Huhn finde in diesem Eintopf etwas Leckeres.

TIPP

Wer nicht so gerne Schweinebauch mag, kann auch kleine Schinkenwürfel mit in den Eintopf geben oder ein Brot mit Knochenschinken dazu essen.

HEGGENGEMÖS
(FASTENSUPPE)

für 4 Personen

Zutaten

1 kg Kartoffeln
1,5 l Wasser
5 Zwiebeln
ein großer Bund gemischte Wildkräuter und Spitzen vom Grünkohl sowie etwas Spinat
Salz, Pfeffer
Schinkenspeckwürfel oder geräucherte Mettenden
etwas Sahne

Zubereitung

Kartoffeln und Zwiebeln schälen und würfeln. Zwiebelwürfel zusammen mit Schinkenspeckwürfeln in einem Topf andünsten. Mit einem guten Liter Wasser auffüllen. Mettenden zugeben und kurz ankochen lassen. Kartoffelwürfel und geputzte, gehackte Kräuter und Gemüse in die Brühe geben. Alles gar kochen lassen, noch etwas Wasser auffüllen und die Suppe mit Salz, Pfeffer und Sahne abschmecken. Die Würstchen klein schneiden und die Suppe mit etwas Brot servieren.

Gut zu wissen!

Heggengemös war das erste Gericht, welches man im Frühjahr von dem ersten frischen Grün kochen konnte. Meist fiel die erste Wildkräuter-Ernte in die Fastenzeit. Und so nannte man das Rezept auch mancherorts Fastensuppe.

TIPP

Heggengemös schmeckt natürlich auch vegetarisch. Man kann die Suppe ohne Fleisch auch gut pürieren und als Vorsuppe servieren.

SAUERKRAUTTOPF

für 4 Personen

Zutaten

500 g Sauerkraut
1 kg Kartoffeln
80 g Schweine- oder Gänseschmalz
Speckwürfel
2 Zwiebeln
Salz, Pfeffer, Zucker
Lorbeerblätter
500 g dicke Rippe, Schweinebauch oder Mettwürstchen
etwas Milch

Zubereitung

Zwiebeln schälen, würfeln und mit dem Speck im Schmalz bräunen lassen. Das Sauerkraut mit etwas Wasser zugeben. Mit Salz, Pfeffer und etwas Zucker würzen und die Lorbeerblätter dazugeben. Zum Schluss das Fleisch oben auflegen und das Ganze bei kleiner Hitze rund anderthalb Stunden köcheln lassen. Bei Bedarf ab und zu Wasser auffüllen. Zum Schluss noch einmal mit Salz und Pfeffer abschmecken.
In der Zwischenzeit die Kartoffeln schälen, würfeln, separat garen und mit lauwarmer Milch stampfen. Mit Salz und Pfeffer abschmecken. Den Kartoffelstampf unter die Sauerkrautmasse heben.

Gut zu wissen!

Eintöpfe wie dieser lassen sich prima vorbereiten und schmecken auch am nächsten Tag aufgewärmt sehr gut.

TIPP

Anstatt Kartoffelstampf können auch einfach die vorgekochten Kartoffelstücke unter das Sauerkraut gehoben werden.

SAUERLÄNDISCHER EINTOPF

für 4 Personen

Zutaten

500 g Schweinefleisch am Stück (z.B. vom Nacken)
500 g Weißkohl
250 g getrocknete Bohnen
1 Zwiebel
2 dicke Möhren
1 l Wasser oder Gemüsebrühe
etwas Fett
2 Lorbeerblätter
1 TL Bohnenkraut (getrocknet)
1 EL Speisestärke
Salz, Pfeffer
250 g Speck in Scheiben oder Bockwurst

Zubereitung

Die Bohnen über Nacht einweichen. Den Kohl halbieren, den Strunk und die äußeren Blätter entfernen. Vom Kohl Streifen abschneiden und diese abbrausen. Die Zwiebel schälen und würfeln. Die Möhren schälen und ebenfalls würfeln. Das Fett in einem großen Topf erhitzen und das Schweinefleisch darin anbraten. Das Wasser angießen und die Kräuter und etwas Salz zugeben. Das Fleischstück eine gute Stunde garen. Die abgetropften Bohnen, den Kohl, die Zwiebel und die Karotten zugeben und den Eintopf weiter köcheln lassen, bis die Bohnen gar sind. Das Fleisch entnehmen und in Stücke schneiden. Den Eintopf abschmecken, mit der angerührten Speisestärke binden. Den Eintopf mit den Fleischstücken, angebratenen Speckscheiben oder Bockwurst servieren.

Gut zu wissen!

Wenn's schnell gehen soll, können Sie die eingeweichten Bohnen auch schon separat vorkochen. Die Kochzeit für den gesamten Eintopf verringert sich dann.

TIPP

Dazu schmeckt ein kräftiges Roggenbrot und ein Sauerländer Bier.

WILDSUPPE

für 6–8 Personen

Zutaten

1 kg Wildknochen und -fleisch
40 g Speck
1 Bund Suppengrün
Salz
3 Wacholderbeeren
1 Lorbeerblatt
1,5 Liter Wasser
Salz, Pfeffer

Zubereitung

Den Speck würfeln und in einem Topf auslassen, Knochen und Fleisch zugeben und alles anbraten. Suppengrün putzen, waschen und zerkleinern. Zusammen mit den Gewürzen und dem Wasser in den Topf geben und aufkochen. Rund zwei Stunden köcheln lassen. Das Fleisch und die Knochen herausnehmen. Das Fleisch von den Knochen lösen, klein schneiden und warm halten. Die Brühe durch ein Sieb gießen und mit Fleischeinlage als klare Wildbrühe servieren.

Gut zu wissen!

Für eine gebundene Wildsuppe 2 EL Fett auslassen und 2 EL Mehl unter kräftigem Rühren darin bräunen. Mit Brühe ablöschen und aufkochen. Das Fleisch dazugeben und noch einmal in der Nachwärme etwas ziehen lassen. Mit Rotwein, Salz, Pfeffer, Preiselbeeren und etwas Sahne abschmecken.

TIPP

Auch Fleisch und Saucenreste vom Wildbraten können als Wildsuppe verwertet werden. Hierfür Reste mit der klaren Wildbrühe oder einer Gemüsebrühe aufkochen lassen und wie bei der gebundenen Wildsuppe abschmecken.

WEISSKOHLEINTOPF

für 4 Personen

Zutaten

750 g Weißkohl
750 g Kartoffeln
750 g gewürfeltes Rindfleisch
2 Zwiebeln
etwas Fett
Salz, Pfeffer, gemahlener Kümmel
1,5 l Wasser oder Fleischbrühe
gehackte Petersilie

Zubereitung

Den Weißkohl halbieren, den Strunk und die äußeren Blätter entfernen. Das Gemüse in Streifen schneiden. Die Kartoffeln und die Zwiebeln schälen und würfeln. Die Zwiebeln in etwas Fett anschmoren. Die Kartoffeln, das Fleisch, den Weißkohl mit den Schmorzwiebeln in einen großen Topf schichten und würzen. Mit dem Wasser angießen und gute 2 Stunden auf mittlerer Flamme kochen lassen. Den Eintopf mit gehackter Petersilie bestreuen.

TIPP

Mit etwas Sauerrahm und Brot servieren.

SELLERIE-APFEL-SUPPE

für 4 Teller

Zutaten

½ Sellerieknolle
2 Äpfel
750 ml Brühe zum Aufgießen
100 ml Sahne
1 TL Honig
Salz
Pfeffer
1 TL Currypulver
ein Schuss Zitronensaft

Zubereitung

Äpfel und Sellerie schälen und in kleine Stücke schneiden. Mit der Brühe weich kochen und pürieren. Mit Sahne und Honig abrunden und mit Salz, weißem Pfeffer, etwas Currypulver und Zitronensaft abschmecken.

Gut zu wissen!

Statt des Zitronensaftes kann auch mit einem Schuss trockenen Weißwein abgeschmeckt werden.

TIPP

Mit dünnen Apfelscheiben, Schnittlauchblüten oder Möhren-Zesten dekorieren.

SPANISCH FRIKKO

für 4 Personen

Zutaten

500 g Schweinefleisch
500 g Rindfleisch
1 kg Kartoffeln
1 kg Zwiebeln
Butter
Salz, Pfeffer
3 EL Sahne

Zubereitung

Die Zwiebeln schälen und würfeln. In etwas Butter anschmoren und beiseitestellen. Das Fleisch in Würfel schneiden. Kartoffeln schälen und ebenfalls würfeln, abwechselnd mit Fleisch und Zwiebeln in einen Topf schichten. Jede Lage mit etwas Butter, Salz und Pfeffer versehen. Obenauf die Sahne geben. Topfdeckel schließen und den Topf im Wasserbad zweieinhalb bis drei Stunden kochen lassen.

Gut zu wissen!

Woher der exotische Name des beliebten Fleischgerichts kommt, ist unbekannt. Der Name könnte aus den früheren benachbarten Spanischen Niederlanden stammen oder durch den spanisch angehauchten Hof von Jérôme Bonaparte, welcher das Königreich Westphalen von 1807 bis 1813 regierte, beeinflusst sein.

TIPP

Je nach Saison schichtet man auch noch gerne Gemüse mit ins Spanisch Frikko. So zum Beispiel Tomaten oder grüne Bohnen! Mancherorts wird das Fleisch auch mit Paprikagewürz und Kümmel abgeschmeckt.

ZWIEBELSUPPE

für 4 Personen

Zutaten

350 g Zwiebeln
1 Zwiebel zusätzlich für die Dekoration
3 EL Schmalz
1 Liter Wasser oder Brühe
Salz, Pfeffer
1 Lorbeerblatt
Speck nach Geschmack
1 EL Mehl
1 EL Butter

Zubereitung

Den Speck in Schmalz auslassen. Dann die in Ringe oder Würfel geschnittenen Zwiebeln und das Lorbeerblatt zugeben und unter gelegentlichem Umrühren bräunen lassen. Mit der Flüssigkeit ablöschen und köcheln lassen, bis die Suppe sämig ist. Wenn die Suppe zu flüssig erscheint, mit Mehl abbinden. In der Zwischenzeit die zusätzliche Zwiebel in feine Ringe schneiden und in einer Pfanne in etwas Butter kross anbraten. Die Suppe mit den angebratenen Zwiebelringen dekorieren.

Gut zu wissen!

Man kann für eine Hauptmahlzeit auch 250 g gewürfelte Kartoffeln oder zwei Scheiben Schwarzbrot und Bratwurststücke mit in die Suppe geben.

TIPP

Zu Fleischgerichten passt eine Zwiebelsauce, die auf ähnliche Weise bereitet wird: 100 g Schmalz in einem Topf erhitzen und 8 fein gewürfelte Zwiebeln unter Rühren etwas bräunen lassen. Dann 2 EL Mehl zugeben. Mit ½ Liter Wasser oder Brühe ablöschen. Mit Salz, Pfeffer und einem Schuss Essig abschmecken.

FESTTAGSSUPPE
(KLARE RINDFLEISCHSUPPE)

für 10 Personen

Zutaten

500 g Suppenfleisch
500 g Suppenknochen
2 l Wasser
½ Sellerieknolle
2 Möhren
1 Lauchstange
Salz, Pfeffer

Für die Markklößchen
1 Markknochen (alternativ ein guter Stich Butter)
1 eingeweichtes Brötchen
1 Ei
Salz, Pfeffer, Muskat
gehackte Petersilie

Zubereitung

Das Fleisch und die Knochen in kaltem Salzwasser aufsetzen. Die geputzten und klein geschnittenen Suppengemüse zugeben. Die Suppe etwa anderthalb Stunden auf mittlerer Flamme kochen lassen und absieben, nach Bedarf das Fett abschöpfen.
Das Suppenfleisch klein schneiden und in die abgesiebte Brühe geben.
Für die Markklößchen das Mark aus dem Knochen drücken und auf kleiner Flamme erhitzen, sodass es flüssig wird. Das Mark durchsieben und etwas abkühlen lassen. Mit dem ausgedrückten Brötchen und den Gewürzen vermengen. Aus der Masse kleine Klößchen formen und diese in der Suppe garen lassen.

Gut zu wissen!

Für einen Eierstich verquirlt man 2 Eier und ein Eigelb mit 250 ml Milch oder Sahne. Man gibt Salz, Pfeffer und Muskat (nach Belieben auch gehackte Petersilie) hinzu und lässt die Masse im Wasserbad stocken. Die Eiermasse schneidet man nach Erkalten in kleine Würfel und gibt sie mit in die Suppe.

TIPP

Alternativ zu Markklößchen kann man auch Fadennudeln, Reis oder Eierstich in die Suppe geben.

Gutes aus Kammer und Kessel

Früher kam im Spätherbst der Hausmetzger auf den Hof, um für die Bauernfamilie zu schlachten. Während edle Fleischteile und Bratenstücke von Rind und Schwein meist für den Verkauf zurückbehalten wurden, bereitete die Familie aus den restlichen Teilen des Tieres in einem großen Wurstkessel Sülzen, Blut- und Leberwürste oder auch sogenannte Grützwürste für den eigenen Haushalt.

Panhas und Rinderpümmel

Die bekanntesten Grütz- oder Mehlblutwürste sind wohl Panhas, Möpkenbrot und Kröse. Die mit Mehl oder Getreidegrütze und Blut gestreckten Speisen tischte man gebraten mit Zwiebeln und Kartoffelpüree oder Bratkartoffeln am Abend des Schlachtfests auf. Eine Sauerländer Spezialität ist auch „Rinderpümmel", eine aus gekochter und gewolfter Rinderbrust und Brötchen bereitete Brühwurst. Zum Verzehr wird die Wurst aus dem Darm gedrückt und mit fein gewürfelten Zwiebeln angebraten.

Knochenwurst

Auch Knochenwurst ist ein ehemaliges Arme-Leute-Essen, das aus der Tradition der Hausschlachtung stammt. Besonders im Hochsauerlandkreis kennt man die geräucherte oder ungeräucherte Kochwurst mit den ganzen Knochenstücken. Um sie herzustellen, werden zerkleinerte Fleischstücke oder Mett zusammen mit Rippen- und Rückenstücken in einen gesäuberten Schweinemagen oder in Papierdärme gefüllt. Traditionell reicht man sie gut durchgekocht scheibenweise zu Sauerkraut und Kartoffelpüree.

Knochenschinken

Bis heute zählen der Sauerländer und auch der Westfälische (Knochen-)Schinken zu den bekanntesten Spezialitäten der Region. Der Rohschinken wird einige Wochen von Hand trocken gepökelt und dann auf einem Gestell über dem Rauchfang des Kamins getrocknet. Im Anschluss räuchert man ihn kalt in einer Kammer über Wacholderbeeren und Buchenholz. Beste Qualitäten reifen mindestens ein halbes Jahr am Knochen.

Wild- und Fischspezialitäten

Im wald- und talsperrenreichen Sauerland haben auch Wild- und Fischgerichte Tradition. Heute zählt das Angeln sogar mit zu den touristischen Sommerattraktionen. An den Bachläufen rund um Winterberg und Schmallenberg locken Bachforellen, an den großen Talsperren finden sich Äsche, Seesaibling, Blaufelchen, Maräne, Hecht, Seeforelle und Zander.

HAUSGEMACHTE SÜLZE

für 4 Personen

Zutaten

1 fein gewürfelte Zwiebel
1 zerdrückte Knoblauchzehe
1 Bund klein geschnittenes Suppengemüse
1 kg gepökelter roher Schinken
15 Blatt Gelatine
1 l Fleischbrühe
4 Lorbeerblätter
6 Wacholderbeeren
4 EL Weißweinessig
4 EL Zucker
nach Belieben 150 g gewürfelte Gewürzgurken
Salz, Pfeffer

TIPP

Mit Schwarzbrot und Butter oder knusprigen Bratkartoffeln und Apfelremoulade (siehe Seite 18) servieren.

Gut zu wissen!

Als es noch Hausschlachtungen gab, kamen auch zerkleinerte Schweinefüße, Schweinskopffleisch samt Backen sowie Zunge mit in die hausgemachte Napfsülze oder Bauernterrine. Die Zungenhaut zog man nach dem Brühen mit einem Messer ab. Gelatine wurde nicht benötigt, da die Schweinefüße sehr viel Gallerte enthalten. Auch Rindfleischsülze war sehr beliebt.

Zubereitung

Das Fleisch mit den klein geschnittenen Suppengemüsen, den Gewürzen und der Fleischbrühe aufsetzen und bei kleiner Hitze etwa drei Stunden köcheln lassen. Das Fleisch abschöpfen und die Brühe durchsieben. Fleisch und Brühe am besten über Nacht kalt stellen.

Die Brühe entfetten und erwärmen. Mit Weinessig, Zucker, Salz und Pfeffer abschmecken. Die Gelatine nach Herstellerangabe auflösen und in die Sülzbrühe einrühren. Das Fleisch in feine Würfel schneiden und mit den Gewürzgurken in eine kalt ausgespülte Form geben. Mit der Sülzbrühe übergießen und mehrere Stunden im Kühlschrank stocken lassen. Die Sülze kurz in warmes Wasser stellen, sodass sie sich aus der Form löst, stürzen und in Scheiben schneiden.

HÜHNERFRIKASSEE

für 4 Personen

Zutaten

1 kg Geflügelfleisch
(1 bis 2 Keulen und/oder Brust)
1 Bund Suppengemüse
2 Zwiebeln
1,5 l Wasser
1 TL Salz
4 Lorbeerblätter
2 Wacholderbeeren, 4 Nelken

Für die Ragout-Sauce

60 g Butter
Speisestärke
250 ml Sahne
400 ml Geflügelbrühe
250 ml Weißwein oder weitere Brühe
Salz, Pfeffer, Muskat
Petersilie oder Schnittlauch
nach Geschmack vorgedünstete Erbsen, Möhrenstücke, Spargelabschnitte oder Champignonscheiben

Zubereitung

Die Zwiebeln und das Suppengemüse schälen, putzen und in Würfel schneiden, kurz anrösten und mit 1,5 Liter kaltem Wasser auffüllen. Salz, Gewürze und Geflügelteile zugeben. Das Ganze gut anderthalb Stunden bei mittlerer Hitze kochen lassen. Die Geflügelteile entnehmen, vom Knochen lösen und die Brühe durchsieben. Die Brühe abmessen und aus Butter, Mehl und Brühe eine Mehlschwitze bereiten. Diese kurz aufkochen lassen, mit Wein und Sahne verfeinern. Das Gemüse und das in kleine Würfel geschnittene Geflügelfleisch zugeben. Gehackte Petersilie oder Schnittlauch überstreuen. Mit Salzkartoffeln oder Reis und grünem Salat servieren.

TIPP

Auch mit Kalb- oder Putenfleisch schmeckt das Ragout.

Gut zu wissen!

Aus der übrig gebliebenen Hühnerbrühe lässt sich mit etwas Suppengemüse und Nudeleinlage eine köstliche Vorsuppe herstellen. Die Brühe kann man auch einfrieren und zu einem anderen Zeitpunkt als Basis für schmackhafte Suppen und Eintöpfe verwenden.

PANHAS

für eine Kastenform oder 6–8 Förmchen

Zutaten

300 g Rinderhackfleisch
300 g Schweinemett oder grobe Leberwurst
300 g Blutwurst
600 ml kräftige Fleischbrühe
200 g Buchweizenmehl
Salz, Pfeffer, Muskat, Piment
Butterschmalz zum Braten

Gut zu wissen!

In früheren Zeiten servierte man den Panhas zum Schlachtfest mit gebratenen Zwiebeln und Kartoffelpüree. Es gab reichlich kühles Bier und Korn dazu. In Brauhäusern bekommt man ihn heute auch als Snack auf Brot mit einem Salat serviert.

Zubereitung

Die Blutwurst in Scheiben schneiden. Mit dem Hackfleisch und dem Mett vermengen und mit der Brühe rund 10 Minuten köcheln lassen. Die Gewürze zugeben und weiter köcheln lassen. Das Buchweizenmehl nach und nach unter ständigem Rühren einrieseln lassen, bis ein fester Brei entsteht. Die zähe Masse in eine kalt ausgespülte Kasten- oder Silikonförmchen oder Gläser geben und bis zu zwei Tagen kalt stellen. Wenn der Panhas fest ist, kann er gestürzt und in dicke Scheiben geschnitten werden. Vor dem Stürzen die Form kurz in warmes Wasser stellen. Die Scheiben in etwas Mehl wenden und in reichlich Butterschmalz von beiden Seiten braten. Auf Schwarzbrot oder Brötchen – zusammen mit einem gemischten Salat – ergibt sich eine delikate Vorspeise oder ein schneller Snack.

TIPP

Da der Panhas gerne beim Braten zerfällt, sollte er bei sehr hoher Temperatur zügig gebraten werden. Wer ihn nicht selbst zubereiten möchte, kann ihn bei ausgewählten Handwerksmetzgern, die sich auf regionale Spezialitäten verstehen, frisch oder im Glas eingemacht kaufen.

KRÜSTCHEN
MIT BRATKARTOFFELN UND PILZRAHM

für 4 Personen

Zutaten

4 Schweineschnitzel
6 Eier
6 EL Paniermehl aus altbackenen Brötchen

Für die Bratkartoffeln
800 g gekochte Pellkartoffeln, in feine Scheiben geschnitten
2 Zwiebeln
200 g Speckwürfel
Butterschmalz
Salz, Pfeffer
Für die Pilzrahmsoße
250 g frische Champignons
1 Zwiebel
nach Geschmack Schinkenspeckwürfel
ein Bund frische Gartenkräuter
1 Becher Sahne
etwas Speisestärke zum Binden
Salz, Pfeffer
frisches Roggenbrot

Zubereitung

Für die Bratkartoffeln die Zwiebeln in Ringe schneiden und zusammen mit den Speckwürfeln in Butterschmalz auslassen. Die Pellkartoffeln zugeben und goldgelb braten lassen, nach Bedarf noch etwas Fett zugeben. Mit etwas Salz und Pfeffer abschmecken.
Für den Pilzrahm die Champignons putzen und in Scheiben schneiden. Die Zwiebel schälen und würfeln. Zwiebeln, Schinkenspeckwürfel und Champignons in einer Pfanne anbraten und mit der Sahne ablöschen. Die Sahne kurz aufkochen lassen und mit etwas Speisestärke binden. Mit Salz und Pfeffer abschmecken.
Die Schnitzel flach klopfen. Zwei Eier mit etwas Salz und Pfeffer verquirlen. Die Schnitzel durch die aufgeschlagenen Eier ziehen und in den Brötchenbröseln panieren. In heißem Fett von jeder Seite 6–8 Minuten durchbraten und warm stellen.
Aus den vier übrigen Eiern in einer Pfanne Spiegeleier braten.
Die Schnitzel mit je einem Spiegelei dekorieren, mit den Beilagen, dem Brot und einem Gurkensalat servieren.

Gut zu wissen!

Auch in den Nachbarregionen des Sauerlands, vor allem im Bergischen Land, findet man ein paniertes Schweineschnitzel unter der Bezeichnung „Krüstchen". In Westfalen findet man auch häufig das Westfälische Schnitzel mit Pumpernickel ummantelt.

TIPP

Dazu passt ein kühles Landbier.

FORELLE „MÜLLERIN“
(GEBRATENE FORELLE)

für 2 Personen

Zutaten

2 ganze Forellen (küchenfertig)
zwei Zitronen
8 Fingermöhren
2 Zwiebeln auf Achtel geschnitten
oder Stücke von Frühlingszwiebeln
etwas Mehl
Fett für die Pfanne

Zubereitung

Die Forellen unter kaltem fließendem Wasser waschen und trocken tupfen. Die Möhren und die Zwiebeln schälen und achteln, in heißem Fett anrösten und an die Seitenränder der Pfanne schieben.
Die Forellen in Mehl wenden und ebenso in die Pfanne geben. Von jeder Seite etwa sechs Minuten in ausreichend Fett braten.
Wenn die Fische ringsherum goldgelb sind, zusammen mit dem Gemüse anrichten. Dazu passen Pellkartoffeln mit zerlassener Butter oder Kräuterquark.

Gut zu wissen!

Die Seen und Gewässer des Sauerlands sind reich an Forellen, Hechten, Zander und Karpfen. Wer auswärts Fisch isst, darf sich sicher sein, dass es sich um frische, heimische Ware handelt.

TIPP

Sehr große Forellen können auch in der Pfanne angebraten und bei 180° C (Umluft) rund 30 Minuten im Ofen garen. Die Forellen kurz vor Ende der Garzeit mit Backpapier abdecken und mit dem Gemüse noch etwas schmoren lassen.

HASENKEULEN

für 4 Personen

Zutaten

4 Hasenkeulen
1 Bund Suppengemüse
50 g Schinkenspeckwürfel
2 gehackte Zwiebeln
50 g Schmalz
500 ml Wasser oder Brühe
3 Nelken, 3 Lorbeerblätter
Salz, Pfeffer, Zucker
Stärkemehl oder geriebenes
Schwarzbrot zum Binden
Pflaumenmus
Essig

Zubereitung

Suppengemüse putzen, waschen und würfeln. Zwiebel schälen und ebenso würfeln. In einem Bräter das Gemüse, die Zwiebel- und die Schinkenspeckwürfel in Butterschmalz anschwitzen und die Hasenkeulen dazugeben. Alles leicht anrösten lassen und dann mit Wasser oder Brühe ablöschen. Lorbeer und Nelken zugeben und die mit Salz und Pfeffer gewürzten Keulen im geschlossenen Bräter eine gute halbe Stunde schmoren lassen. Nach Bedarf noch etwas Flüssigkeit zugießen. Nach der Garzeit das Fleisch aus dem Bratsud nehmen warmstellen. Den Sud durchsieben und mit etwas kalt angerührter Stärke oder Schwarzbrot binden. Mit Salz und Pfeffer, nach Belieben auch mit etwas Pflaumenmus und Essig abschmecken. Die Keulen im Ganzen in die Sauce legen und servieren.

Gut zu wissen!

Die Braukunst hat im Sauerland eine lange Tradition. Gutes Quellwasser und Getreidereichtum aus der Soester Börde förderten die Vorliebe der Einheimischen für den Gerstensaft. Neben Pils ist auch helles und dunkles Landbier typisch für die Region. Mit Krombacher, Veltins und Warsteiner sind drei große deutsche Marken-Brauereien im Sauerland ansässig, darüber hinaus gibt es eine überwältigende Anzahl an kleinen Hausbrauereien.

TIPP

Auch mit dunkler Landbier-Sauce, die mit Apfelkraut und einem Schuss Essig verfeinert wird, schmecken die Hasenkeulen. Auch als Hasenpfeffer mit Herz, Lunge und Leber kennt man das Rezept.

HIMMEL UND ERDE
MIT BLUTWURST

für 4 Personen

Zutaten

1 kg Kartoffeln
1 kg säuerliche Äpfel
Salz, Pfeffer, Zucker
1 Stück Butter
1/4 l Milch
2 Zwiebeln, nach Belieben ein Apfel in Scheiben
1–2 cm dicke Blutwurstscheiben, alternativ Leberwurst
Butter zum Braten

Gut zu wissen!

Das Gericht heißt „Himmel und Erde", da Äpfel hoch am Baum – „im Himmel" – wachsen und Kartoffeln in der Erde.

Zubereitung

Kartoffeln schälen und in Salzwasser (1 Liter Wasser mit 1 TL Salz) gar kochen.
Äpfel schälen, entkernen und in Viertel schneiden. In etwas Wasser gar dünsten. Mit Zucker abschmecken.
Die Kartoffeln abgießen und mit dem Kartoffelstampfer zerkleinern. Ein Stück Butter und lauwarme Milch nach und nach unterarbeiten. Mit Salz, Pfeffer und Muskat abschmecken. Das Apfelkompott unter das Kartoffelpüree heben und warm stellen.
In der Zwischenzeit Zwiebelringe und nach Belieben auch Apfelscheiben in etwas Butter goldbraun braten. Wer die Zwiebelringe sehr knusprig mag, kann sie vor dem Braten in etwas Mehl wenden.
Die Zwiebelringe und Apfelscheiben ebenso warm stellen. Die Blutwurst-Scheiben in etwas Mehl wenden und in Butterschmalz bei hoher Temperatur kurz knusprig braten. Zusammen mit „Himmel und Erde" servieren.

TIPP

Blutwurst zerfällt gerne beim Braten in der Pfanne. Es empfiehlt sich daher, die Stücke etwas dicker zu schneiden und in etwas Mehl zu wenden.

PFEFFERPOTTHAST

für 4 Personen

Zutaten

1 kg Rindfleisch (magerer Kamm)
500 g Zwiebelringe
2 Lorbeerblätter
Salz, Pfeffer, Kümmel
1 l Fleischbrühe
100 g Pumpernickel, Semmelbrösel oder geriebener Zwieback
abgeriebene Zitronenschale oder etwas Zitronensaft
Kapern und Zucker nach Geschmack
Fett

Zubereitung

Die Zwiebelringe in Fett anschmoren. Fleisch auf kleine Stücke schneiden und zugeben. Alles kurz anbraten und mit der Brühe auffüllen. Gewürze zugeben und bei geschlossenem Deckel garen. Nach gut anderthalb bis zwei Stunden die Semmelbrösel zugeben und noch einmal kurz aufkochen lassen. Mit Zitronenabrieb oder -saft, Kapern und Zucker abschmecken.

Gut zu wissen!

Mit demselben Rezept lässt sich auch Schweinepfeffer bereiten. Je nach Gusto können auch Suppengemüse wie Sellerie, Möhren oder Lauch mit angebraten werden.

TIPP

Dazu passen Pell- oder Salzkartoffeln und Gewürzgurken oder eingelegte Zwiebeln. Mancherorts reicht man auch gerne eingemachte Rote Bete und etwas Preiselbeerkompott dazu.

RINDERSCHMORBRATEN

für 4 Personen

Zutaten

1 kg Rinderschulter oder -keule
2 Zwiebeln
500 ml trockenen Rotwein
200 ml Sahne
Butterschmalz oder Öl
Salz, Pfeffer
2–3 Lorbeerblätter
1 gestrichener TL Piment (gemahlen)
Stärkemehl zum Binden der Sauce

Gut zu wissen!

Sehr traditionell ist auch der Sauerbraten, der ebenfalls nach diesem Rezept bereitet werden kann. Das Rindfleischstück wird zuvor roh über mehrere Tage in eine Marinade eingelegt. Für die typische Beize benötig man 750 ml Rotweinessig, 750 ml Wasser, 2 Zwiebeln in Ringe geschnitten, Salz, 6 Nelken und 6 Lorbeerblätter. Die Sauce des säuerlichen Schmorbratens wird mit 100 g gebröseltem Pumpernickel, nach Belieben mit Rosinen und Rübenkraut abgeschmeckt.

Zubereitung

Zwiebeln schälen und klein schneiden. Das Fett in einem Bratentopf erhitzen und das Bratenstück von allen Seiten bei hoher Temperatur scharf anbraten. Die klein geschnittenen Zwiebeln hinzufügen und alles mit der Hälfte des trockenen Rotweins ablöschen, zusätzlich etwas Wasser, Lorbeerblätter und Piment hinzufügen. Den Braten auf niedriger Temperatur zwei Stunden schmoren lassen. Während der Garzeit nach Bedarf weitere Flüssigkeit zufügen. Nach der Hälfte der Garzeit den restlichen Rotwein angießen – mit Salz und Pfeffer abschmecken. Den Braten entnehmen und warm stellen. Die Soße durch ein Sieb passieren, mit Sahne verfeinern und nach Belieben mit etwas kalt angerührter Stärke binden. Den Braten in Scheiben schneiden, auf einer Platte anrichten und mit etwas Soße übergießen. Den Rest der Soße in eine Sauciere geben und zusammen mit dem Fleisch, Salzkartoffeln und Gemüse der Saison servieren.

TAFELSPITZ
MIT MEERRETTICHSAUCE

für 4 Personen

Zutaten

1 kg Tafelspitz
1 Bund Suppengemüse
2 l gesalzenes Wasser

Für die Meerrettichsauce
40 g frisch geriebener Meerrettich (alternativ Meerrettich-Creme aus dem Glas)
Milch oder Sahne
Mehl
Salz, Pfeffer, Zucker
Petersilie

Zubereitung

Das Fleisch mit der Brühe, dem gesalzenen Wasser und dem klein geschnittenen Gemüse mindestens zwei Stunden simmern lassen. Das Fleisch entnehmen, die Brühe durch ein Sieb abgießen und auffangen. Die Hälfte der Brühe für die Soße verwenden. Die andere Hälfte wieder in den Topf geben und das Fleisch darin warm halten. Die Milch mit dem Mehl verrühren und mit der abgenommenen Brühe aufkochen lassen. Den Meerrettich zugeben und die Soße dann nicht mehr kochen lassen. Mit Salz, Pfeffer und Zucker abschmecken. Das Fleisch in Scheiben schneiden und zusammen mit der Soße servieren. Gehackte Petersilie darüberstreuen.

Gut zu wissen!

Tafelspitz nennt man das Fleisch aus dem Hüftdeckel. Es ist edel und mager. Der Name „Tafelspitz" erinnert an die spitz zulaufende Form des Fleischstücks.

TIPP

Dazu passen Salzkartoffeln. Aus Fleisch- und Brühe-Resten lässt sich am nächsten Tag eine Rindfleischsuppe mit Eierstich bereiten. Das Rezept finden Sie auf Seite 51.

WILDGULASCH

für 4 Personen

Zutaten

1 kg Wildfleisch von Hirsch, Reh, Wildschwein oder Hase (vorzugsweise aus der Schulter oder aus der Keule)
2 Zwiebeln
300 ml trockener Rot- oder Apfelwein
200 ml Brühe
6 Lorbeerblätter
12 Pimentkörner
Salz, Pfeffer
2 EL Apfel- oder Rübenkraut
Speckwürfel nach Belieben
Fett zum Anbraten

Zubereitung

Wildfleisch von Sehnen befreien und in kleine Würfel (3 x 3 cm) schneiden.
Zwiebeln putzen und würfeln.
In einem großen Topf das Fleisch mit dem Fett, den Speckwürfeln und den Zwiebeln ringsum anbraten, mit Brühe und Wein ablöschen – mit Salz und Gewürzen abschmecken.
Das Fleisch bei mittlerer Hitze rund drei Stunden schmoren lassen, nach Bedarf noch etwas Wein oder Brühe zugeben. Dazu passen Kartoffelbällchen und Rotkohl. Das Rezept für die Bällchen finden Sie auf Seite 68, das für den Rotkohl auf Seite 71.

Gut zu wissen!

Das meiste Wild im Sauerland stammt aus dem Rothaargebirge und dem Arnsberger Wald.

TIPP

Zuweilen gibt man auch etwas Johannisbeerlikör und Preiselbeeren statt Apfelkraut mit an die Wildsauce. Ein gutes Schnäpschen aus der Region rundet übrigens jedes Wildessen ab.

ZANDER IN KARTOFFELKRUSTE

für 4 Personen

Zutaten

8 Zanderfilets
4 dicke Kartoffeln
Senf
Salz, Pfeffer
Öl zum Ausbacken

Zubereitung

Die Kartoffeln schälen und grob reiben. Auf einem Sieb abtropfen lassen und ausdrücken, sodass ein Großteil der Feuchtigkeit entweicht. Die Fischfilets mit Senf bestreichen und mit der Kartoffelmasse panieren. In heißem Fett rund sechs Minuten von jeder Seite braten lassen, bis die Kartoffelkruste gar und goldbraun ist.

TIPP

Mit Brot oder Petersilien-Kartoffeln und einem gemischten Salat servieren.

PLAATEN IN DE PANN
MIT SAUERLÄNDER ROSENKRANZ

für 4 Personen

Zutaten

750 g grobe Schweinebratwurst-Schnecken
750 g Kartoffeln (roh oder gekocht)
1 EL Schmalz
Salz, Pfeffer
150 ml Sahne

Zubereitung

Die Bratwurst mehrfach einstechen, in der Pfanne goldbraun anbraten und warm stellen. Die Kartoffeln in Scheiben schneiden und würzen. Im Bratwurstfett die Kartoffeln anbraten. Mit Sahne übergießen und die Bratwurst obenauf geben. Mit geschlossenem Deckel im Backofen etwa eine Stunde garen. Bei Verwendung von vorgekochten Kartoffeln verkürzt sich die Garzeit.

Gut zu wissen!

Lange, zu Schnecken gerollte Bratwürste nennt man „Sauerländer Rosenkranz".

TOLLE KNOLLEN UND MEHR
KARTOFFEL- UND GEMÜSEGERICHTE

Deftiges vom Erdapfel

Die Sauerländer zählen zweifelsohne zu den Kartoffelessern in Westfalen. Nach ihrer großflächigen Einführung durch Friedrich von Preußen revolutionierte die Knolle im 19. Jahrhundert die Sauerländische Küche. In mannigfachen Varianten findet man den Erdapfel, der einst für seine schönen Blüten in Hofgärten des Adels bekannt war, auf dem Speisezettel. Gerieben, gestampft, gekocht, gebraten, gebacken oder als Quell- und Streckmittel für Suppen, Soßen oder Gebäck schätzt der Sauerländer die Kartoffel bis heute.

Kartoffelküchlein und Sauerländer Potthucke

Da die Kartoffel nicht nur im Anbau, sondern auch in der Lagerung genügsam ist – konnte man sie schon früher bis zum nächsten Frühjahr auf Vorrat halten. Sobald die Kartoffeln nach dem Winterlager trockener wurden und die ersten Keime austrieben, ließ man sich etwas einfallen: zum Beispiel in reichlich Fett ausgebackene, saftige Kartoffelküchlein, Kartoffelbällchen oder Kartoffelwaffeln. Das bekannteste Kartoffelgericht der Region ist wohl die Sauerländer Potthucke, die wörtlich übersetzt „das, was im Topf hockt" bedeutet. Der Teig aus geriebenen Kartoffeln, Eiern, Zwiebeln, Schinkenspeck, Mettwurst und Schmand wird in einer Kastenform im Ofen ausgebacken. In früheren Zeiten war die Potthucke ein Arme-Leute-Essen. Heute findet man sie auch als Spezialität in gehobenen Restaurants.

Kappes und Bunne

In der Winterküche geht nichts ohne Kohl und Bohnen. Denn Weiß- und Rotkohlköpfe konnte man früher gut im kühlen, aber frostgeschützten Keller in Kisten aufbewahren. Ein Teil des Weißkohls und auch grüne Bohnen machte man durch Einstampfen mit Salz in großen Steintöpfen haltbar. Aus dem eingelagerten Weißkohl bereitete man gerne mit Kartoffeln einen Eintopf. Da die dünn geschnittenen Blätter des Kohls in der Brühe „schlodderten", also zitterten, erhielt der Eintopf seinen Namen „Schlodderkappes". Auch sauer eingelegte Schnippelbohnen oder weiße Bohnen, die man in der Saison für den Winter trocknete, waren als Gemüse beliebt.

Steckrüben und Schwarzwurzeln

Neben Möhren lagerte man auch Steckrüben in großen Sandkisten für den Winter ein. Als Gemüse oder Püree schätzt man die gelbe Rübe. Auch die oberirdischen Blätter der Mai- und Herbstrüben kocht man gerne als Stielmus-Creme mit Blutwurst.

KARTOFFELBÄLLCHEN

für zirka 30 Stück

TIPP

Ummanteln Sie die Bällchen auch mal mit Sesam oder geben Sie 70 g geriebenen Hartkäse oder gehackte Kräuter mit in den Teig.

Zutaten

1 kg geschälte Kartoffeln (vorwiegend festkochende Sorten)
200 g Mehl
2 EL Salz
etwas geriebener Muskat
2 Eier
4 EL Öl
Paniermehl und/oder Grieß
Frittierfett oder Öl für die Pfanne

Zubereitung

Die Kartoffeln als Salzkartoffeln garen und mit dem Stampfer fein zerdrücken. Mehl, Öl, Eier und Gewürze unterarbeiten und den Teig etwas stehen lassen. Danach kleine Bällchen (Durchmesser ca. 5 cm) formen und in dem Paniermehl wälzen. In einer hohen Pfanne in reichlich Fett ausbacken, bis sie goldbraun und knusprig sind.
Dazu schmeckt Apfelmus, ein Salat oder auch ein Kräuterquark- oder Tomatendip.

POTTHUCKE
(KARTOFFELKUCHEN)

für eine Kastenform

Zutaten

1 kg rohe Kartoffeln (vorzugsweise mehligkochende Sorten)
250 g gekochte Kartoffeln
2 Zwiebeln
100 g gewürfelter durchwachsener Speck
70 g Schinkenspeck in Streifen oder blanchierte Lauchblätter
6 Mettwürste
250 ml Sahne
4 Eier
Salz, Pfeffer, Muskatnuss
Fett für die Form

Zubereitung

Die rohen Kartoffeln schälen, reiben und auf einem Sieb abtropfen lassen. Die gekochten Kartoffeln pellen und durch eine Kartoffelpresse drücken. Die Zwiebeln schälen und fein würfeln. Zwiebeln, und Speck zusammen mit den Eiern und der Sahne zu der Kartoffelmasse geben und alles zu einem Teig rühren. Mit den Gewürzen abschmecken.

Eine gefettete Kastenform mit Schinkenspeck oder Lauchblättern auslegen und die Kartoffelmasse zur Hälfte einfüllen. Die Würstchen der Länge nach hintereinander darauflegen und mit dem Rest des Teigs auffüllen.

Den Kartoffelkuchen bei 160° C eine gute Stunde im Ofen backen, in Scheiben schneiden und mit Apfelmus servieren. Am nächsten Tag die restlichen Scheiben in der Pfanne ausbacken.

Gut zu wissen!

Potthucke ist ein Sauerländer Kartoffelkuchen. Der Name bedeutet: das, was im Topf hockt. Der Kastenkuchen war ehemals ein Arme-Leute-Gericht. Wer sich am Martinstag keine Gans leisten konnte, bereitete den Kartoffelkuchen – der scherzhaft auch als „Gans des kleinen Mannes“ bezeichnet wird.

SAUERKRAUT SELBER MACHEN

für einen 5-Liter-Gärtopf

Zutaten

3 Kilogramm Weiß- oder Spitzkohl
Pro Kilogramm Kohl benötigt man zusätzlich 30 Gramm Salz und nach Vorliebe Gewürze (Lorbeerblätter, Pfeffer, Kümmel oder Wacholderbeeren)

Gut zu wissen!

Den Topf kann man – um die Milchsäuregärung schneller in Gang zu bringen – bis zu einer Woche im Warmen lagern. Danach kommt er in den kühlen Keller, wo der Kohl 6–8 Wochen bei völliger Ruhe vor sich hin gärt. Der Topf darf in dieser Zeit nicht geöffnet werden! Nach portionsweiser Entnahme des fertigen Sauerkrauts muss der Topf wieder wie oben beschrieben verschlossen werden.

Zubereitung

Die äußeren Blätter entfernen, die Kohlköpfe vierteln und die Strünke rausschneiden. Kohlviertel auf einem „Kappesbrett" (auch „Kappesschaaf" genannt) in feine Streifen raspeln.

Eine Schicht geraspelten Kappes in einen Tontopf (Gärtopf) füllen und mit einem Holz-Stampfer oder mit der eigenen Faust solange bearbeiten, bis der Krautsaft aus den Kappesstreifen austritt. Eine neue Lage Kappes einfüllen und wieder so verfahren. Zwischendurch etwas Salz und Gewürze zugeben.

Wenn der Topf drei viertel voll ist und sich eine leicht schäumende Saftschicht gebildet hat, deckt man die Oberfläche mit einer Lage ganzer Krautblätter ab. Zu guter Letzt legt man die Beschwerungssteine (Zubehör beim Gärtopf) obenauf. Diese drückt man kräftig runter, damit eine mehrere Zentimeter hohe Wasserschicht aus Kappessaft das Gärgut abdeckt. Es folgt der Deckel.

Die Überlaufrinne des Topfes füllt man mit Wasser, sodass der Behälter luftdicht verschlossen und das Gärgut geschützt ist.

TIPP

Gärtöpfe aus Stein und Krauthobel lassen sich im Land-Fachhandel oder via Internet bestellen.

SAUERKRAUT MIT ÄPFELN

für 4 Personen

Zutaten

750 g Sauerkraut
2–4 Äpfel
1 Zwiebel
nach Belieben durchwachsener Speck in Würfeln
2 EL Schmalz
Salz, Pfeffer
6 Wacholderbeeren
2 Lorbeerblätter
Zucker oder Honig
1 geriebene Kartoffel oder etwas Stärkemehl
etwas Wasser oder Apfelsaft

Zubereitung

Sehr saures Kraut kurz wässern. Äpfel und Zwiebel schälen, entkernen und in kleine Stücke schneiden. Den Speck im Schmalz auslassen und Zwiebeln darin andünsten. Die Äpfel, das Sauerkraut, etwas Salz und die Gewürze zugeben. Das Gemüse unter Zugabe von etwas Wasser oder Apfelsaft eine gute halbe Stunde köcheln lassen. Die geriebene Kartoffel zum Binden zufügen und mit Salz, Pfeffer und Zucker abschmecken. Das Sauerkraut noch mal zehn Minuten auf kleiner Flamme nachgaren lassen. Nach Belieben vier Mettwürstchen oder ein vorgegartes Stück Kasseler mit im Gemüse ziehen lassen.

Gut zu wissen!

Nach diesem Rezept lässt sich auch Apfel-Rotkohl bereiten. Den frischen gehobelten Kohlkopf lässt man rund zwei Stunden köcheln. Man gibt statt Wacholder einige Nelken und eine Messerspitze Zimt hinzu.

TIPP

Alternativ zu Äpfeln kann man auch kleine Stücke von Birnen oder Quitten zum Gemüse geben. Das Sauerkraut mit Mettwurst und Kartoffelpüree servieren. Sehr traditionell sind auch gekochte „Schnüskes und Öhrkes“ (Schnäuzchen und Öhrchen) vom Schwein.

SCHLODDERKAPPES

für 4 Personen

Zutaten

1 kleiner Weißkohl oder Spitzkohl
800 g Kartoffeln
800 ml Fleischbrühe
2 Zwiebeln
200 g durchwachsene Speckwürfel
Salz, Pfeffer, 2 Lorbeerblätter, etwas Kümmel
nach Belieben Mettwürstchen

Gut zu wissen!

Der Weißkohl-Kartoffel-Eintopf heißt im Volksmund Schlodderkappes, da die Weißkohlblätter beim Kochen im Topf schloddern („zucken"). Mancherorts bereitet man den Schlodderkappes auch gerne mit angebratenem Hackfleisch zu.

Zubereitung

Den Weißkohl putzen, waschen und in feine Streifen schneiden. Die Kartoffeln und die Zwiebeln schälen und würfeln. Die Speckwürfel in einem Topf auslassen, Kohl, Lorbeerblätter und Kümmel zugeben und mit der Brühe aufgießen. Das Gemüse gar kochen und mit Salz und Pfeffer abschmecken. Nach Belieben mit Mettwürstchen servieren.

STIELMUSCREME

für 4 Personen

Zutaten

1 kg Stielmus
500 g gekochte Salz- oder Pellkartoffeln (gestampft oder in Stücke geschnitten)
1 Zwiebel
1 EL Schmalz oder Butter
nach Belieben klein gewürfelter Speck
1/4 l Sahne oder Milch
Stärkemehl
Salz, Pfeffer, Muskat
1 Ring Blutwurst oder alternativ 4 geräucherte Mettwürste

Zubereitung

Den Rübstiel waschen und in kleine Stücke schneiden. In einer hohen Pfanne oder einem Topf mit Schmalz, klein gewürfelter Zwiebel und Speck rund 10 Minuten dünsten.

Mit der Sahne oder der Milch ablöschen, nach Geschmack mit etwas Stärke binden und abschmecken. Die Blutwurst in 1 cm dicke Stücke schneiden, in Mehl wälzen und bei hoher Temperatur in reichlich Fett kurz anbraten. Gekochte Kartoffelstücke stampfen und unter das Gemüse mengen. Mit gebratener Blutwurst oder geräucherter Mettwurst servieren.

Gut zu wissen!

Als Rübstiel, Stiel- oder Stängelmus bezeichnet man die jungen Blätter von Speiserüben (Mai-, Herbst- oder Weißen Rüben). Stielmus ist ein klassisches Frühjahrsgemüse, das im Sauerland gerne als Eintopf bereitet wird. Auch zu Fleischgerichten und Kartoffelstampf reicht man es gerne. Die zarten Blätter, die feinsäuerlich, ähnlich wie Sauerampfer, schmecken, lassen sich in der Küche genauso wie Spinat und Mangold verarbeiten. Auch im Herbst bekommt man frischen Rübstiel von der Herbstrübe.

STECKRÜBENGEMÜSE

für 4 Personen

Zutaten

500 g Steckrübe
500 g Möhren
Schinkenpeck- oder Mettwurststücke
Butter
Salz

Zubereitung

Die Steckrübe und die Möhren schälen und in Stifte schneiden. In etwas Salzwasser garen, sodass sie noch Biss haben. Dann etwas Butter in einer Pfanne auslassen und die Gemüsestifte zusammen mit Speck oder Wurst schwenken.

Gut zu wissen!

Steckrüben schmecken ähnlich wie Kohlrabi. Daher nennt man sie auch gelbe Kohlrübe oder Unterkohlrabi. Je nach Sorte haben sie eine leicht nussige oder bittere Note. Auch Eintöpfe mit Kartoffeln, Steckrüben und Mettwurst waren früher beliebt.

TIPP

Mit Kartoffelpüree oder deftigem Sauerteigbrot reichen.

UNTEREINANDER
VON SAUREN SCHNIBBELBOHNEN

für 4 Personen

Zutaten

1 kg Kartoffeln
3 EL Butter
500 g saure Bohnen („Rheinische Schneidebohnen“)
80 g geräucherter Schinkenspeck
1 Zwiebel
1 TL Stärkemehl
Salz, Pfeffer, Muskat, Bohnenkraut
Essig

Gut zu wissen!

Auf ähnliche Weise bereitet man auch andere Untereinander-Gerichte wie „Dicke Bohnen mit Speck“, „Moos“ oder „Stielmus-Creme“.

TIPP

Dazu passen gekochte Rippchen oder Bauchspeck. Man kann mehligkochende Kartoffeln auch in einer Schinkenbrühe garen und die Bohnen dann kurz vor Garzeitende ohne Mehlschwitze unterheben.

Zubereitung

Die sauren Bohnen dem Beutel entnehmen und abtropfen lassen. Nach Geschmack etwas wässern, damit sie milder werden. In etwas Wasser die Bohnen etwa 15 Minuten garen und abschütten. Zwiebel und Schinkenspeck in kleine Würfel schneiden und in 1 EL Butter auslassen. Stärkemehl in 125 ml Wasser auflösen und unter Rühren zugeben. Wenn die Masse andickt, die abgeschütteten Bohnen zugeben. Mit Salz, Pfeffer und Bohnenkraut abschmecken und warm stellen. Die Kartoffeln schälen und in einer Schinkenbrühe oder als Salzkartoffeln bereiten. Wenn sie gar sind, mit 2 EL Butter stampfen und das Bohnengemüse darunterheben.

DICKE BOHNEN MIT SPECK

für 4 Personen

Zutaten

250 g durchwachsener Speck
1 kg dicke Bohnen (frisch oder eingeweckt)
600 g Kartoffeln
1 EL Mehl
2 EL Butter
Salz, Zucker, Bohnenkraut
1 l Wasser
nach Belieben etwas Sahne und Essig

Zubereitung

Den Speck in einem Topf auslassen und mit Wasser angießen. Kartoffeln und Zwiebeln schälen und würfeln. Fein geschnittene Kartoffel- und Zwiebelwürfel sowie frische Bohnen zugeben. Den Eintopf garen lassen. Aus Butter, Mehl und einem Teil des Kochwassers eine Mehlschwitze bereiten. Den Eintopf damit andicken. Das Gericht mit Salz, Zucker und Bohnenkraut abschmecken. Nach Belieben auch etwas Sahne und Essig zugeben.

Gut zu wissen!

Die dicken Bohnen isst man auch gerne als Untereinander mit Stampfkartoffeln oder als gebackene Bohnen aus dem Ofen. Für die gebackenen Bohnen 250 g weiße getrocknete Bohnen über Nacht in 1 Liter Wasser einweichen. Am nächsten Tag ein Stück Bauchfleisch in das Bohnenwasser geben und mit den Bohnen, Salz und einem Stängel Bohnenkraut gut eine Stunde kochen lassen. Den Backofen auf 180° C Umluft stellen. Zwei gehackte Zwiebeln mit Speckwürfeln in einem Topf auslassen. Mit einem Stück Butter, 2 EL Mehl und etwas Fleischbrühe eine Mehlschwitze anrühren. Die Bohnen der Fleischbrühe entnehmen und in die Mehlschwitze geben. Das Bohnengemüse im Backofen eine Stunde backen.

TIPP

Wer eingeweckte statt frischer Bohnen nimmt, gibt diese erst mit der Mehlschwitze dazu.

MOOS
(GRÜNKOHL UNTEREINANDER)

für 4 Personen

Zutaten

1 kg Grünkohlblätter (ohne Stängel)
500 g geräucherter Bauchspeck am Stück oder in Scheiben oder ein durchwachsenes Rückenstück vom Schwein
nach Belieben auch etwas gewürfelten Schinkenspeck
2 Zwiebeln
750 g festkochende Kartoffeln
Salz, Pfeffer, Nelken, Zucker
nach Bedarf etwas Stärkemehl zum Binden

Zubereitung

Die Kohlblätter in einem Topf mit etwas Salzwasser ankochen, bis sie zusammenfallen. Auf einem Sieb abtropfen lassen. Die Kohlblätter klein hacken und beiseitestellen.
Das Fleisch in einen Topf geben, mit Wasser bedecken und mit dem Grünkohl, den klein gehackten Zwiebeln und den Schinkenspeckwürfeln eine gute Stunde kochen lassen. Nach zwanzig Minuten Kochzeit die geschälten und geviertelten Kartoffeln zugeben und den Eintopf mit Salz, Pfeffer, Nelken und Zucker würzen. Nach Bedarf mit etwas Stärkemehl binden.

Gut zu wissen!

Grünkohl entwickelt erst nach dem ersten Frost sein volles Aroma. Er ist dann auch wesentlich milder im Geschmack.

TIPP

Wer mag, gibt kurz vor Garzeitende noch Mettenden zum Eintopf und lässt diese mit ziehen. Auch gebratene Spiegeleier schmecken lecker zum Eintopf.

ÜBERBACKENER SPARGEL

für 4 Personen

Zutaten

2 kg weißer oder grüner Spargel
400 ml Sahne
300 g geriebener Schnittkäse aus dem Sauerland
1 Stich Butter
3–4 EL Mehl
Zitronensaft
Salz, Pfeffer, Muskat

Gut zu wissen!

Grüner Spargel muss nicht geschält werden. Es wird lediglich der untere, trocken gewordene Stängelteil abgeschnitten.

Zubereitung

Den Spargel waschen, putzen und schälen. In Salzwasser mit einem Spritzer Zitronensaft blanchieren und abtropfen lassen. Das Kochwasser dabei auffangen. Aus Butter, Mehl und 200 ml Spargelwasser eine Mehlschwitze bereiten. Diese mit Sahne verfeinern und die Hälfte des Käses unterrühren. Mit Salz, Pfeffer und Muskat abschmecken. Den Spargel in eine Auflaufform legen und mit der Käse-Sahnesauce übergießen. Den restlichen Käse aufstreuen und bei 180° C gut 15 Minuten überbacken. Mit Salzkartoffeln, Eierkuchen oder Brot servieren.

TIPP

Auch Johannislauch ist ein traditionsreiches Gemüse. Der junge, zarte Lauch wird – genau wie der Spargel – bis zum 24. Juni (Johannistag) geerntet. Für das Gemüse blanchiert man die Stangen von jungem Lauch oder Frühlingszwiebeln. Man gibt sie dann in eine kräftige Fleischbrühe, fügt etwas Butter und Rosinen hinzu und schmeckt mit Salz, Zucker und Essig ab. Das Gemüse bindet man zu guter Letzt mit etwas Paniermehl.

KARTOFFELN
MIT HERINGSSCHMAND

für 4 Personen

Zutaten

8 Salzheringe (küchenfertig gewässert und filetiert)
2 säuerliche Äpfel (z.B. Boskoop oder Cox Orange)
2 Zwiebeln
250 ml Milch
250 ml Kondensmilch, süße oder saure Sahne
Salz, Zucker und Weinessig zum Abschmecken
1,5 kg Kartoffeln

Zubereitung

Die Salzheringsfilets in mundgerechte Happen schneiden. Äpfel und Zwiebeln schälen und in kleine Stückchen schneiden. Aus Milch, Sahne, Salz, Zucker und Weinessig eine Marinade bereiten. Die Herings-, Apfel- und Zwiebelstückchen zugeben und alles gut durchziehen lassen.
Für die Pellkartoffeln die gewaschenen Kartoffeln mit ausreichend Wasser aufsetzen und rund 40 Minuten garen. Das Wasser abschütten und die Kartoffeln pellen.

Gut zu wissen!

Die eingesalzenen Heringe waren früher sehr beliebt, da sie haltbar und preiswert waren. Außerdem durften sie auch an Fastentagen gegessen werden.

TIPP

Den Heringsschmand am besten schon am Abend vorher bereiten.

FRÜCHTEKÜCHE
SÜSSES UND EINGEMACHTES

Bestes aus Obst und Milch

Die Dessert-Küche der Sauerländer ist sehr bodenständig und einfach gehalten. Neben eingemachtem Obst und Fruchtkompotten zählen Milchreis, Grießmehlpudding und Quarkspeisen zu den bekanntesten Nachtisch-Klassikern.

Eingemachte Früchte, Obstkuchen und Liköre

Besonders Überschüsse vom Stein- und Kernobst aus dem eigenen Garten wurde in früheren Zeiten ins Glas eingemacht. Das Fruchtkompott von Kirschen, Pflaumen, Äpfeln, Birnen oder Quitten stellte aber nicht nur einen Nachtisch dar, sondern war auch eine Beilage zu verschiedenen Gerichten wie Himmel und Erde, Pfannkuchen, Pickert oder Reibeplätzchen. Ebenso verwendete man für Obstblechkuchen eingemachtes Obst. Während man die meisten Beerenfrüchte gerne frisch und als Grütze aß oder zu Saft und Likör verarbeitete, wurden auch die säuerlichen Stachelbeeren gerne mit Zuckersirup haltbar gemacht und kamen später im Jahr in der Baisertorte besonders zur Geltung.

Einflüsse aus dem Münsterland

Die Winterberger Quarkspeise, ein Schichtdessert aus gesüßtem Quark, Preiselbeerkompott und in Alkohol getränkten Pumpernickelbröseln, und auch die Herrencreme, ein Vanillepudding mit Sahne, Rum und Schokoladenstreuseln, finden sich ähnlich auch im benachbarten Münsterland. Erdbeeren mit Schmand und in Korn getränkten Pumpernickelbröseln heißen „Sauerländische Erdbeeren“ und lassen auf die Vorliebe der Einheimischen zu Hochprozentigem schließen. Denn auch ein einfacher Aufgesetzter aus Beerenfrüchten oder ein Obstler kann für den Sauerländer ein Mahl gebührend abschließen.

Schmackhafte Resteverwertung

Sowohl als süße Hauptgerichte als auch zum Nachtisch kennt man im Sauerland Arme Ritter oder Bettelmann. Letzterer stellt einen süßen Auflauf aus altbackenen Brotscheiben und Obst dar. Auch Krümelgrete ist ein brotreicher Nachtisch. Zerbröseltes, altbackenes Brot wird mit etwas Flüssigkeit aufgekocht und mit kalter Buttermilch, Sahne und Trockenfrüchten verfeinert.

Kaffee- und Traditionsgebäck

Mutzenmandeln und Struwen (Hefeplätzchen) sind neben Waffeln in der Sauerländer Region bekannte Traditionsgebäcke. Süße Genießer reichen die in Fett ausgebackenen Krapfen jedoch nicht nur an Karneval und Karfreitag, sondern auch ganzjährig zum Nachmittagskaffee.

VANILLEPUDDING
MIT ROTER GRÜTZE

für 4-6 Personen

Zutaten

Für den Vanillepudding
2 Päckchen Puddingpulver Vanille
12 EL Zucker
1 l Milch

Für die Rote Grütze
500 ml Kirschsaft
600 g Johannisbeeren, Erdbeeren, Himbeeren und Kirschen
4 EL Zucker und etwas mehr
2 EL Stärke

Gut zu wissen!

Wer lieber Vanillesauce reicht, nimmt nur die halbe Menge des Puddingpulvers oder kocht die Sauce nach dem Rezept auf Seite 90 in diesem Kapitel.

Zubereitung

Für den Vanillepudding das Vanillepuddingpulver mit etwas Milch glattrühren. Die restliche Milch zum Kochen bringen und das Puddingpulver und den Zucker zugeben. Den Pudding aufkochen lassen, bis er anzieht und im Wasserbad unter Rühren abkühlen lassen. Für die Grütze die Früchte entstielen. Die Kirschen entkernen. Die Erdbeeren halbieren oder vierteln. Die Früchte mit dem Zucker etwas Saft ziehen lassen und in einen Topf geben. Mit dem Kirschsaft auffüllen und zum Kochen bringen. Die Masse kurz aufkochen lassen und die in etwas kaltem Wasser angerührte Speisestärke zugeben. Die Grütze abkühlen lassen und je nach Säure der Früchte nachsüßen.
Die Grütze mit dem Pudding reichen.

WINTERBERGER QUARKSPEISE

für 4 Personen

Zutaten

500 g Sahnequark
4 EL Zucker
1 Päckchen Vanillezucker
etwas Milch
125 g Pumpernickelbrösel
4 EL Rum oder alternativ Kirschwasser
125 g Zartbitterschokolade
200 g Preiselbeeren

Zubereitung

Den Quark mit Zucker, Vanillezucker und etwas Milch glattrühren. Die Pumpernickelbrösel mit Rum und Zartbitterschokolade vermischen. Die Pumpernickelmasse abwechselnd mit dem Quark und den Preiselbeeren in Gläser schichten und servieren.

Gut zu wissen!

Nicht nur die lange Backzeit von bis zu 24 Stunden bei etwa 100° C, sondern auch die Beigabe von Rübenkraut verleiht Pumpernickel einen süßen Geschmack.

TIPP

Wenn Sie noch etwas geschlagene Sahne unter die Quarkmasse heben und die Schokoladenstreusel weglassen, haben Sie eine Westfälische Götterspeise. Wer statt des Preiselbeerkompotts angedickte Kirschen für das Dessert nimmt, erhält eine Westfälische Quarkspeise.

EINGEMACHTE FRÜCHTE

für 4 Gläser à 400 ml

Zutaten

300 g Zucker
Saft von 1 Zitrone
2,5 Kilo Quitten oder Birnen
sterile Schraubgläser

Gut zu wissen!

Obstkompotte wie diese passen gut zu Desserts oder süßen Pfannkuchen.

TIPP

Auf diese Weise können Sie auch Süß- und Sauerkirschen oder anderes Stein- und Kernobst einmachen. Je nach geschmacklicher Vorliebe kann der Zuckersirup auch mit Zimtstangen und Nelken aromatisiert werden.

Zubereitung

Aus 1 Liter Wasser, Zitronensaft und Zucker einen Sirup kochen. Die Früchte schälen, entkernen und in Achtel schneiden. Die Früchte in Gläser einschichten und mit dem Sirup bedecken. Die Gläser verschließen und in einem großen Topf einkochen lassen.
Dafür ein feuchtes dünnes Baumwollhandtuch in den Topf legen. Die Gläser darauf platzieren, sodass sie nicht wackeln oder anstoßen. Den Topf mit Wasser auffüllen. Die Gläser sollten etwas mehr als die Hälfte mit dem Wasser bedeckt sein. Deckel auflegen und Wasser zum Kochen bringen, dann etwas herunterschalten. Die Gläser rund 30 Minuten simmern lassen und noch mal 10 Minuten in der Nachwärme stehen lassen. Das Eingemachte bis zum Verzehr kühl und dunkel lagern.

STACHELBEER-BAISER-TORTE

für eine Springform (26-28 cm Durchmesser)

Zutaten

350 g frische rote Stachelbeeren oder alternativ abgetropfte eingemachte oder Tiefkühl-Früchte
5 Eier (für den Kuchen mit Baiser-Haube 2 Eier trennen und Eiweiß zurückbehalten)
125 g Zucker, 1 Vanillezucker
125 g Butter
200 g Mehl, 2 TL Backpulver

Für die Baisermasse

2 Eiweiß
1 TL Zitronensaft
100 g Zucker, 1 Vanillezucker
nach Belieben gehobelte Mandeln

Zubereitung

Die Stachelbeeren waschen und trocken tupfen, Stiel und Blütenansatz entfernen. Zucker, Vanillezucker, Butter und Eier schaumig aufschlagen, dann Mehl und Backpulver einrieseln lassen und zu einem geschmeidigen Teig verarbeiten.

Den Teig in eine gefettete Springform füllen und die Stachelbeeren obenauf geben. Bei 180° C (Ober-Unterhitze) den Kuchen rund 30 Minuten backen – je nach Feuchtigkeit der Früchte auch etwas länger. In der Zwischenzeit das Eiweiß mit Zitronensaft, Zucker und Vanillezucker dickschaumig aufschlagen. Auf dem Kuchen glatt verstreichen, Mandelblätter aufstreuen. Den Kuchen abermals 10–15 Minuten bei 150° C (Ober-Unterhitze) überbacken.

Gut zu wissen!

Den Kuchenteig kann man auch in Muffinförmchen als kleine Törtchen ausbacken. Die Muffins sind etwas schneller gar und man muss den Ofen gut im Auge behalten.

TIPP

Probieren Sie den Kuchen auch mit Rhabarber oder roten Johannisbeeren. Den Rhabarber kurz andünsten und zuckern.

AUFGESETZTER

für eine Flasche - zirka 1 l

Zutaten

750 g schwarze Johannisbeeren oder Schlehen
300 g weißer Kandis
2 Zimtstangen, 1 Vanilleschote
1 Flasche Doppelkorn (38 Volumenprozent)

Gut zu wissen!

Im Sauerland gibt es noch heute viele Brennereien, die die heimischen Früchte zu Edelbrand, Geist und Likör verarbeiten. Findige Brenner haben heute sogar ungewöhnliche Sorten wie Möhren-, Heu- oder Bier-Destillate im Angebot.

Zubereitung

Die Früchte entstielen und waschen. Die Früchte etwas zerdrücken und in ein gut schließendes Ansatzglas geben, den Kandis, die Zimtstangen sowie die aufgeschlitzte Vanilleschote zugeben. Mit dem Korn auffüllen und etwas sechs Wochen ziehen lassen. Den Aufgesetzten dann abseihen und in Flaschen füllen. Kühl und dunkel aufbewahren. Vor dem Genuss nochmals vier Monate reifen lassen.

TIPP

Die herben Schlehen erntet man nach dem ersten Frost oder gibt sie in die Tiefkühltruhe, damit sie milder werden. Wer den Aufgesetzten in einem Sektglas mit Schaumwein auffüllt, erhält einen Sauerländer Kir.

MUTZENMANDELN

für zirka 60 Stück

Zutaten

400 g Mehl
2 TL Backpulver
100 g Zucker
2 Prisen Salz
1 Fläschchen Backöl Zitrone
120 g Butter
2 Eier
2 EL Schmand
200 g geriebene Mandeln
Öl oder Butterschmalz zum Ausbacken
Puderzucker zum Bestäuben

Zubereitung

Die Zutaten in eine Rührschüssel geben und mit dem Knethaken des Handrührgeräts zu einem glatten Teig verarbeiten. Den Teig eine halbe Stunde lang ruhen lassen und dann mit einem Teelöffel oder einer Ausstechform mandelförmige Stücke abstechen. Diese in heißem Fett zirka drei Minuten goldgelb ausbacken. Auf einem Küchenkrepp gut abtropfen lassen und mit Puderzucker bestäuben.

Gut zu wissen!

Mutzenmandeln bereitet man traditionell zu Karneval und zu Silvester. Auch die Hefeplätzchen (Rezept auf Seite 33) sind ein traditionelles Krapfengebäck, das am Karfreitag gegessen wird.

BUTTERMILCHSUPPE
MIT OBST

für 4 Personen

Zutaten

500 ml zimmerwarme Buttermilch
500 ml Milch
80 g Puddingpulver Vanille oder Speisestärke
Zucker nach Geschmack
Dörrobst oder eingemachtes Obst als Einlage

Zubereitung

Die Milch mit dem angerührten Puddingpulver oder der Stärke zum Kochen bringen, bis die Flüssigkeit anzieht. Dann die Suppe vom Herd nehmen, die Buttermilch einrühren. Obst nach Geschmack in die Suppe geben und die Suppe warm oder kalt servieren.

Gut zu wissen!

Getrocknete Früchte wie Rosinen, Apfelringe, Backpflaumen oder Birnenschnitze waren in früheren Zeiten eine willkommene Einlage für Milchsuppen.

TIPP

Auch aus altbackenem Brot bereitete man gerne eine süße Suppe namens „Krümelgrete". Für die Suppe kochte man Brotstücke in etwas Wasser weich. Man gab dann kalte Buttermilch oder Sahne darüber und schmeckte mit etwas Zucker und Rosinen ab.

DICKER REIS
MIT PFLAUMEN

für 6–8 Personen

Zutaten

1 l Milch
250 g Reis (je nach Vorliebe auch nur 125 g für nicht ganz so steifen Reis)
ein Stich Butter
4 EL Zucker
1 Vanillestange
1 Prise Salz
eingemachte Pflaumen aus dem Glas oder
250 g Trockenpflaumen
etwas Wasser oder Wein
Zucker nach Belieben

Zubereitung

Die Milch mit der aufgeschlitzten Vanillestange und der Prise Salz ankochen und den Reis zugeben. Diesen rund eine halbe Stunde simmern lassen. Dann die Butter und den Zucker unter Rühren zugeben. Noch weitere 10 Minuten bei sehr kleiner Flamme leise quellen lassen. Gelegentlich umrühren. Den Reis etwas abkühlen lassen und in eine Glasschüssel geben. Mit eingemachtem Pflaumenkompott servieren oder alternativ Trockenpflaumen in etwas Wasser oder Wein einweichen und mit Zucker nach Belieben kurz aufkochen lassen.

Gut zu wissen!

Früher war Reis kostbar und teuer, denn man konnte ihn nicht selbst anbauen und nur über fahrende Händler beziehen. Es zeugte von besonderem Wohlstand, seinen Gästen einen dicken Reisbrei zu servieren.

TIPP

Wenn man einen Becher geschlagene Sahne unter den abgekühlten Milchreis hebt, wird dieser besonders cremig. Auch Weinsuppe (siehe Struwen-Rezept Seite 33) reicht man gerne zum steifen Reis.

BRATÄPFEL
(GEBACKENE ÄPFEL)

für 6 Personen

Zutaten

6 Äpfel
Walnüsse und Rosinen nach Geschmack
3 EL Schmand
Zimtzucker
nach Geschmack 1 Flasche Weißwein oder heller Traubensaft

Für die Vanillesauce
1 l Milch
1 Vanilleschote
Zucker nach Geschmack
1 gehäufter EL Speisestärke
3 Eigelb

Zubereitung

Die Äpfel nach Belieben schälen oder nur waschen und das Kerngehäuse ausstechen. Die Nüsse klein hacken und zusammen mit den Rosinen und dem Schmand mischen. Die Masse in die ausgehöhlten Äpfel geben. Die gefüllten Äpfel in eine Auflaufform geben, mit Zimtzucker überstreuen und nach Geschmack mit dem Wein oder Saft angießen. Rund 30 Minuten bei 160° C Ober-/Unterhitze im Backofen garen. In der Zwischenzeit etwas Milch zum Anrühren der Speisestärke abnehmen und die restliche Milch mit der aufgeschlitzten Vanilleschote zum Kochen bringen. Flüssige Speisestärke unter Rühren in die Milch geben und kurz aufkochen lassen, bis die Flüssigkeit anzieht. Die Vanillesoße mit Zucker abschmecken. Die Vanilleschote entnehmen und die Soße zusammen mit den heißen Bratäpfeln warm oder kalt reichen.

Gut zu wissen!

Auf der Vanillesoße bildet sich keine Haut, wenn man sie im Wasserbad unter Rühren etwas abkühlen lässt. Auch ein Stück Frischhaltefolie, das man auf die noch warme Soße auflegt, kann der Hautbildung vorbeugen.

TIPP

In einem großen Bräter mit reichlich Schmalz lassen sich feste Apfelsorten auch als Schmalzäpfel bereiten. Sie schmecken nicht nur als Dessert, sondern auch als Beilage zu Hauptgerichten mit Fleisch oder Kartoffelstampf.

GRIESSMEHLPUDDING

für 4 Personen

Zutaten

500 ml Milch
100 g gemahlene Mandeln
4 EL Zucker
1 Vanilleschote
125 g Grieß
4 Eiweiß, 4 Eigelb
1 Prise Salz

Zubereitung

Die Milch mit dem Salz zum Kochen bringen. Zucker, Grieß und Mandeln einrieseln und unter Rühren kurz aufkochen lassen. Die Masse abkühlen und das Eigelb unterziehen. Den Eischnee unter die erkaltete Masse heben. In kalt ausgespülte Förmchen oder eine Glasschüssel füllen.

Gut zu wissen!

Wer keine frischen Eier verwenden möchte, kann den Grießbrei auch ohne Ei zubereiten (125 g Grieß auf 1 l Milch). Fluffig wird er übrigens auch, wenn man unter den kalten Grießbrei etwas geschlagene Sahne zieht. Hierfür den Grießbrei nicht ganz so steif kochen (nur 80 g Grieß auf 1 l Milch) und die Masse vor dem Sahneunterheben mit dem Handmixer sämig rühren.

TIPP

Den Grießbrei stürzen oder Nocken abstechen und mit Roter Grütze (Seite 82), Weinsuppe (Seite 33) oder Himbeersaft servieren.

HERRENCREME

für 4 Personen

Zutaten

1 Päckchen Puddingpulver Vanille oder
2 EL Stärkemehl und das Mark einer Vanilleschote
6 EL Zucker
500 ml Milch
250 ml Sahne
2 EL Rum oder Weizenkorn
100 g fein gehackte Zartbitterschokolade
Schokoladendekor für die Garnierung

Zubereitung

3 EL Milch mit dem Puddingpulver anrühren. Den Rest der Milch mit dem Zucker zum Kochen bringen. Flüssiges Puddingpulver zugeben und rühren, bis die Masse anzieht. Die Puddingcreme erkalten lassen. Die Sahne steif schlagen und mit dem Rum und der Schokolade unter die Creme heben. Mit Schokoladendekor garnieren.

TIPP

Ähnlich lässt sich auch eine Zitronencreme bereiten. Den Saft von 4 Zitronen gibt man mit dem Abrieb von 1 unbehandelten Zitrone, 40 g Speisestärke, 6 EL Zucker, 1 Prise Salz und 3 Eigelb in einen Kochtopf. Man erhitzt die Masse und schlägt sie ab, bis sie hochsteigt. Unter Rühren lässt man die Creme abkühlen und hebt unter Zugabe von weiterem Zucker nach Geschmack den Schnee von 3 Eiweiß oder 250 g geschlagene Sahne unter.

SAUERLÄNDISCHE ERDBEEREN

für 4 Personen

Zutaten

500 g Erdbeeren
2 Scheiben Pumpernickel
150 g Schmand
etwas Milch
etwas flüssiger Honig
1 EL Kornbrand
Zitronenmelisse für die Dekoration

Zubereitung

Die Erdbeeren waschen, putzen und in Viertel schneiden. Den Pumpernickel reiben und in einer Pfanne rösten. Abkühlen lassen. In der Zwischenzeit den Schmand mit Milch, Honig und Kornbrand glatt rühren. Die Erdbeeren nach Belieben etwas zuckern. Pumpernickelbrösel und Schmandmasse in Schälchen füllen und die Erdbeeren darübergeben. Mit den Melisseblättchen dekorieren und servieren.

BETTELMANN

für eine Auflaufform

Zutaten

250 g geriebenes altbackenes Brot
75 g gehackte Walnüsse, Haselnüsse oder Mandeln
nach Geschmack 75 g Rosinen (in Rum eingeweicht)
100 g Zucker
75 g geschmolzene Butter
Zitronenabrieb
1 TL Zimt
500 g Äpfel oder ein Glas Sauerkirschen (abgetropft)
Butter zum Ausfetten der Form
Zimt und Zucker, Puderzucker

Zubereitung

Brot, Nüsse, Rosinen, Zucker, geschmolzene Butter, Zitronenabrieb und Zimt miteinander vermischen. Die Äpfel schälen, entkernen, vierteln und in dünne Scheiben schneiden. Die Kirschen entkernen und gut abtropfen lassen. Mit etwas Zimt und Zucker vermischen. Abwechselnd Brotmasse und Apfelscheiben oder Kirschen in eine gebutterte Auflaufform füllen. Mit der Brotmasse abschließen und den Bettelmann gut 40 Minuten goldgelb backen. Mit Zimtzucker oder Puderzucker bestreuen und servieren.

Gut zu wissen!

Besonders alte Apfelsorten wie Boskoop oder Renette eignen sich wegen ihrer feinsäuerlichen Art gut für den Auflauf. Bei süßeren Apfelsorten empfiehlt es sich, noch etwas Zitronensaft zuzugeben.
Zum Bettelmann „de luxe“ passt gut Vanilleeis oder Sahne. Früher aß man ihn gerne mit Vanillesauce.

TIPP

Wenn Sie nun Appetit auf Sauerländer Spezialitäten bekommen haben, besuchen Sie doch mal einen der vielen bunten Herbstmärkte - zum Beispiel den Brotmarkt in Bad Berleburg.

REGISTER